시니어를 위한
뇌 인지 학습 지도서

시니어를 위한
뇌 인지 학습 지도서

박소현 지음

두드림미디어

추천사

국제행복교육원 박소현 원장님은 언제나 환한 웃음으로 어르신들과 함께 교육하신다. 그 환한 미소에 누구라도 금세 마음을 열고 원장님의 이야기에 쫑긋 귀를 기울이게 한다. 박소현 원장님을 떠올리면 열정과 도전, 사랑이라는 단어가 가장 먼저 떠오른다.

《시니어를 위한 뇌 인지 학습 지도서》는 수년간 박소현 원장님께서 현장에서 실제 적용했던 모든 사례를 한 권으로 정리하신 것이다. 귀한 보물 지도다. 시니어 대상으로 교육하시는 분들, 어르신들과 좀 더 가깝게 소통하고 싶은 분들이라면 누구라도 꼭 한 권 가져야 할 책이다.

주간복지센터, 요양원, 경로당, 복지관, 교회 노인대학, 각 가정에서 우리 시대 어르신들을 위해 어떻게 교육할 것인지 고민하는 분이라면 주저 없이 이 한 권의 책을 권한다. 상세한 설명과 강의 순서까지 깨알 정보가 가득하다. 책 곳곳마다 원장님의 헌신과 사랑이 가득 묻어난다. 머리로만 하는 교육이 아닌, 직접 현장에서 발로 뛰며 적용하고 애쓴 흔적이 한 권의 책으로 고스란히 우리 곁에 왔다. 참 고마운 일이다.

치매 어르신들의 아픔으로 눈물짓는 가정도 참 많은 시대다. 이 책은 이러한 시대에 치매 예방 활동 도서로도 참 좋다. 한평생 수고한 우리 어르신들의 노년이 더 행복하고 아름다울 수 있도록 이 책의 사례들을 따라가다 보면, 우리가 먼저 더 행복해지는 놀라운 일을 경험하게 될 것이다.

각 가정에 한 권씩 비상약처럼 늘 비치해두고, 어르신들과 재미나게 놀고 싶은 모든 이들에게 적극 추천드린다. 국제행복교육원 박소현 원장님의 다음 도전과 열정이 기대되며, 우리 시대에 꼭 필요한 책을 써주심에 다시 한번 감사와 축하를 드린다.

펀펀힐링센터 대표
푸른햇살 희망작가
김혜경

프롤로그

요양기관 어르신들께 봉사활동을 다니기 시작한 것이 20여 년이 넘었다. 아이들이 어릴 때는 말벗을 해드리고, 허드렛일을 거들어드렸다. 그러다가 차츰 시간이 흐르면서 봉사활동의 분야가 달라졌다. 여러 가지 프로그램과 웃음치료, 종이접기 등 다양한 활동으로 정서 지원을 해드렸다. 이러한 경험이 쌓이면서 교회 사역으로 노인대학을 시작했다. 토요일마다 어르신들이 100여 명씩 모이셨는데, 그분들에게 여러 가지 활동으로 행복한 시간을 제공해드렸다.

개인적으로는 실버 강사 양성과정을 운영하고 있다. 나아가서 어르신 학교를 운영하면서 더욱 다양한 프로그램 개발을 하게 되었다. 강사 양성 및 실버 관련 기관에 프로그램 강사 파견을 하면서, 현장에서 실제로 필요한 것이 무엇인지를 파악하게 되었다. 또한, 강사 활동을 하면서 느끼게 된 점들이 이 책의 필요성을 더욱 절실하게 했다.

어쩌다가 한 번 나가는 특강은 강의 자료가 무수히 많다. 그러나 매주 한 번씩 나가야 하는 수업에는 지속적으로 새로운 수업 프로그램을 만들어내야 한다. 개인적으로 활동하는 강사들이 우리 기관에 왔을 때 하는 말은 이 사실을 더 확실하게 해준다. 수업을 나갈 때마다 새로운 수업자료를 제공해주니 너무 편하다는 것이었다.

국가에서는 치매에 관한 다양한 정책을 발표하며, 관리하고 있다. 많은 기관에서 뇌 인지 활동에 관한 다양한 수업자료들을 만들어내고 있다. 이즈음에 뇌 인지 훈련 학습, 치매 예방 학습을 누구보다 오랫동안 해온 필자는 오래전부터 실버 강사들의 교본으로 사용할 교재의 필요성을 생각하며 준비해왔다.

코로나로 인해 그동안 각 기관은 외부 강사 유입이 어려웠다. 그로 인해 사회복지사들의 고충도 이만저만이 아니라고 들었다. 발 빠르게 움직이는 기관에서는 업무 파트 외에 프로그램 전담 사회복지사 채용이 늘었다. 이 책은 어르신들의 뇌 인지 학습 교재로서 어르신 케어를 하는 모든 분에게 효자 노릇을 할 것을 확신한다. 사회복지사, 실버 기관 강사, 요양보호사, 그 외에도 각 가정에서 어르신들을 케어하는 선생님들, 부모님의 치매 예방을 위해 애쓰는 자녀분들께 이 책을 추천한다.

박소현

왜 이 책이 필요한가?

우리나라는 이미 고령화 사회다. 출산율은 줄어들고, 의학의 발달과 문화 발전, 풍요로 인해 인간 수명은 늘어났기 때문이다. 하지만 수명이 늘어났다고 해서 좋은 점만 있는 것은 아니다. 그로 인해 빚어지는 단점들이 사회적 문제로 대두되고 있다.

노인 우울, 자살, 치매 등이 사회적 이슈가 된 지 오래다. 이러한 문제들을 예방하기 위해 많은 정책이 제시되고 있다. 치매 국가책임제가 그중 하나다. 치매 국가책임제가 발표되고 나서 치매 안심센터가 도시마다 만들어졌다. 경로당 어르신들을 위한 프로그램도 활발하게 이루어지고 있다.

거기에 발맞춰 실버 강사들이 늘어나고 있다. 분야도 다양하게 활동한다. 그중 하나가 뇌 인지 학습이다. 치매 예방의 일환이다. 필자가 8년이 넘는 강사 활동을 해오면서 느낀 것이 이 교재의 필요성이었다.

필자 역시 어쩌다 특강을 들어가는 때는 강의 자료가 넘쳐난다. 그러나 매주 한 차례씩 수업을 들어가는 기관에는 언제나 새로운 소재를 찾고 만들어낸다. 필자가 운영하는 국제행복교육원은 자체적으로 실버인지건강학교라는 어르신 학교를 운영하고 있다. 그 외에도 치매 안심센터, 어르신 주간보호소, 경로당 등에 강사 파견을 하고 있다. 우리 기관의 어르신 학교, 주간보호소에서는 어르신 수업이 1년 내내 이루어지고 있다. 매주 다른 수업 형태로 프로그램을 만들어내고, 강사들이 들어가서 수업을 할 수 있도록 한다.

외부에서 혼자 활동하다가 우리 기관으로 오게 되는 강사들은 하나같이 편하다고 말한다. 매주 뭘 해야 할지 어려움을 겪다가 준비된 프로그램을 가지고 수업만 하고 오는 것이 너무 좋다는 것이었다. 그래서 그동안 수업을 해온 것을 토대로 해서 1년 52주 프로그램을 만들게 되었다.

물론 이 교재는 강사들에게만 필요한 것은 아니다. 경로당이나 어르신과 함께 사는 가정이라면 부모님들 치매 예방을 위해서 필요하다. 어르신 정서 지원, 치매 예방, 여가 활용이 필요한 곳이면 어디에서나 쓰임새가 탁월할 것이다.

이 교재의 차별점

현재 시중에 나와 있는 서적들을 살펴보았다. 강사의 역할, 강사들의 자세, 웃음 지도 가이드, 체조나 요가, 노래 서적, 미술 교재들은 많았다. 그러나 뇌 인지 학습 가이드는 찾기가 어려웠다. 어르신들이 풀 수 있는 문제집이나 어르신 인지 학습 교재는 있었지만, 그 교재를 어떻게 풀어서 어르신들과 소통하며 뇌 인지 활동을 끌어내 줄 것인가 하는 책은 없었다.

왜 이 책이 필요한가?

　따라서 이 교재가 뇌 인지 학습 가이드의 시작이 될 수 있을 거라고 강하게 말씀드릴 수 있다. 또한, 필자는 앞으로도 실버 강사들이 현장에서 사용할 수 있는 어르신 뇌 인지 학습 가이드를 계속해서 만들어낼 것이다.

처음 수업을 들어가면 필자는 웃음 스팟으로 시작한다. 어르신들이 크게 웃을 때 마음 문이 열리는 것을 수년간 보아왔기 때문이다. 물론 젊은 분들에게 행복 특강을 할 때도 웃음이 많은 부분을 차지한다. 어르신 수업에서 웃음 스팟의 효과는 더욱 크다. 그래서 필자는 시작과 끝을 웃음으로 한다.

웃음을 주는 방법은 다양하지만, 필자는 일단 웃는다. 그냥 웃을 수 있는 명분을 먼저 제시한다. 왜 웃어야 하는지를 제시하면 누구든지 수긍할 수밖에 없다. 그리고 수업 때마다 웃을 수 있는 다양한 방법을 활용한다.

이미 강사 활동을 하는 분들은 대부분 이러한 스팟들을 사용하고 있을 것이다. 하지만 이 책의 성격상 웃음 스팟의 방법과 종류는 다른 책에서 다루어야 한다.

그리고 어르신 수업에서는 웃음만큼이나 중요한 것이 노래다. 어르신들이 좋아할 만한 노래로 선곡한다. 흘러간 옛 노래 및 트로트, 어르신들과 스토리 텔링 하기 좋은 가사 등을 고려해서 선정한다. 교재 마지막 부분에 거의 다 노래들을 제시했다. 그러나 강사 재량에 따라 본인들이 잘하는, 좋아하는 노래로 할 수 있다. 다만 시작 곡은 스토리 텔링 중심이면 좋겠고, 끝 곡은 경쾌한 노래가 좋다라는 원칙은 지금까지 고수하고 있고, 강사 자격 과정에서도 강하게 어필하고 있다.

교재 활용 가이드

노래마다 손 유희나 율동, 체조 등은 강사들이 미리 익혀야 하는 필수 작업 중 하나다. 웃음과 노래 및 신체활동들은 뇌 인지 학습, 노래 수업, 체조 수업, 노인 여가 활용 시간 등 모든 실버 관련 수업에 같이 사용되는 것이다.

이 부분을 조금 언급해본다면, 손 유희는 노랫말에 따라 손으로 동작을 만든 것이고, 어린이 동요부터 어른들이 부르는 노래에도 활용된다. 실버 체조는 노랫말을 따라 만든 동작을 '율동'이라 하고, 박자에 맞춰 동작하는 것을 '체조'라고 한다. 필자가 자격증 과정을 강의할 때는 체조와 율동을 구분해서 알려준다. 이는 필자가 오랫동안 해오면서 터득한 것이다.

학습 내용을 살펴보면 색 인지, 수 인지, 언어 인지, 골라 쓰기로 목차를 구분해놓았다. 실제 현장에서 사용할 때는 순서에 따라 하는 것이 아니라, 강사가 그때그때 상황에 따라 정해서 사용하면 된다.

필자가 어르신 기관 수업을 들어갈 때는 한 주는 수 인지 학습, 다음 주는 색 인지, 그다음 주는 언어 인지 등 번갈아 사용했다. 계절도 고려하고, 그때그때 어울리는 수업 내용을 고려해서 사용하기를 권한다. 골라 쓰기 항목은 명절이나 어버이날 등 연중 특별한 날의 특성을 따라 사용한다.

수업하면서 느낀 점 한 가지를 더 말하고 싶다. 어르신 기관에서 수업하다 보면, 사회복지사 또는 요양보호사 선생님들이 거들어드린다고, 어르신들이 생각해볼 겨를도 없이 다 해드리는 경우가 있다. 어르신들이 잘못해도 해볼 수 있는 시간을 드려야 한다. 이 생각을 바탕으로 어떤 경우는 끝까지 안 도와드리는 곳도 있다.

필자는 적당히 지나도록 기다렸다가 마치는 시간을 파악해서 마무리를 할 수 있으면 도와드려서 결과물을 가질 수 있도록 하는 것이 좋다고 생각한다. 본인이 다 만들지는 못했지만, 자기 결과물을 가지면, 어르신들이 성취감을 얻게 되고 정서 지원이 된다고 본다.

앞으로 이 교재가 토대가 되어 더 많은 수업 소재를 도출시키고, 또한 이 책이 실버 강사 길잡이가 될 것을 확신한다.

일러두기

1. 대부분의 수업에 학습지가 만들어져 있다. 준비해 가지고 가되, 시간과 상황을 고려해서 강사 재량으로 할 수도 있고, 안 할 수도 있다.
2. 자료로 제시한 PPT는 이 책을 참고해서 강사들이 새롭게 구성하길 추천한다. 도움이 필요한 경우 이 책의 표지에 있는 저자의 이메일로 문의하길 바란다.

차례

1장 색 인지 학습

2장 수 인지 학습

차례

3장 언어 인지 학습

4장 필요에 따라 골라 쓰기

1장

색 인지 학습

노랑 파랑 보라 빨강

강의주제 노란색, 빨간색, 보라색, 파란색 사물은 무엇이 있는지 알아본다.

학습목표 색 인지 기능 향상 및 색깔별 사물을 기억해낼 수 있다.

도입 야채 박수(감자, 고구마, 오이, 호박)를 쳐본다.

우리 다 같이 야채 박수를 한 번 쳐 보시겠습니다. 감자는 어떻게 생겼지요? 예, 감자는 몽땅하게 생겼습니다. 그래서 두 주먹을 마주 보고 쳐주겠습니다. 감자, 감자(오른쪽 주먹, 왼쪽 주먹 마주 쳐주며) 짝짝(손바닥 박수, 큰 소리로 말도 해본다).

고구마는 어떻게 생겼나요? 예, 고구마는 감자보다는 길쭉하게 생겼습니다. 그래서 주먹을 펴주세요. 손바닥에 공이 하나 들어 있다고 생각하고 쫙 펴지 마시고, 두 손을 마주 보고 손뼉을 치는 거예요. 손을 오목하게 하되 손가락을 길게 쭉 펴서 박수를 한 번 쳐보겠습니다. 어떠세요? 속에 바람이 들어 있는 것처럼 팡팡 느껴지시지요. 자, 그럼 고구마 박수 다 같이 큰 소리로 해보겠습니다. 고구마, 고구마(오른쪽 왼쪽 손, 손가락은 펴되 가운데 공을 넣어 둔 듯 오므려서 박수) 짝짝(손바닥 박수).

자, 그럼 오이는 어떻게 생겼지요? 예, 오이는 아주 길지요. 그래서 두 손으로 오이 한 개를 옆으로 잡았다고 생각하시고, 두 주먹을 아래로 보도록 해서 옆으로 나란히 오이를 쥐었다 놨다 해보겠습니다. 너무 잘하셨습니다. 그럼 오이 박수 큰 소리로 다 같이 해보겠습니다. 오이, 오이(오른손 왼손 살짝 쥔 주먹 옆으로 나란히 쥐었다 폈다) 짝짝(손바닥 박수).

(오이 옆으로 잡은 손 모양)

호박은 어떻게 생겼지요? 예, 호박은 크고 둥글지요. 그럼 우리 몸에 호박은 어디 있을까요? 예, 호박은 요기 있지요(머리를 양손으로 가리킨다). 우리는 호박 하나씩을 달고 살고 있네요. 자, 그럼 호박 박수를 쳐보겠습니다. 호박, 호박 (머리를 양손으로 터치해준다). 짝짝(손바닥 박수).

그럼 지금부터 이어서 야채 박수를 치겠습니다. 감자 감자 짝짝. 고구마 고구마 짝짝. 오이 오이 짝짝. 호박 호박 짝짝. 감자 짝. 고구마 짝. 오이 짝. 호박 짝. 감자 고구마 오이 호박 짝짝 짝짝.

참 잘하셨어요. 다시 한번 해보겠습니다.

(* 처음에는 천천히 한 번 하고 잘하셨다고 엄지 척을 해드린다. 다시 한번 한다. 속도를 조금씩 빠르게 몇 차례 한다. 마지막에는 어르신들이 따라 할 수 없을 정도로 강사가 빠르게 하므로 어르신들은 따라 하지 못하는 그때 가장 많이 웃으시며 재미있어 하신다. 익숙하게 하기 위해서 강사는 미리 연습을 충분히 해두어야 한다.)

준비물) PPT, 학습지, 색연필, 음악.

전개) 1. 노란색, 파란색, 보라색, 빨간색 사물이 무엇인지 말해본다.

2. 노란색, 파란색, 보라색, 빨간색 색깔별로 사물을 3가지씩 익힌다.

3. 〈숫자 노래〉의 '숫자 1은 무얼까?' 가사를 응용해서 불러본다. '노란색
   은 무얼까? 무얼까 맞춰 봐요. 개나리, 참외, 바나나, 개나리, 참외, 바나
   나' 형식으로 색깔별로 반복한다(PPT를 보며 익힌다).

4. 노란색, 파란색, 보라색, 빨간색에 해당하는 단어로 퀴즈를 맞힌다(강사
   가 박수 치면서 "노란색"을 외치면, 어르신들이 "개나리, 참외, 바나나…." 조금 더 확장
   한다면 '노란색 1번, 파란색 2번, 보라색 3번, 빨간색 4번' 번호를 정한다. 강사가 번호를
   말하면 어르신들이 색을 말하고, 강사가 색을 말하면 번호를 말하는 형식으로 반복 학습
   을 하면서 뇌 인지 기능을 활성화한다).

5. 연습이 충분히 되면 색깔 여러 개를 동시에 맞춰본다. '노란색 1번', '빨
   간색 4번', '파란색 2번', '보라색 3번' 순서를 앞뒤로 섞어서 문제를 내
   고, 어르신들의 대답을 유도한다.

6. 학습지를 색칠한다.

7. 마무리 〈내 나이가 어때서〉를 부르며 율동한다.

8. 박장대소를 하고 "행복하셨습니까?" 하면 "다 행복했다"라고 말씀하
   신다. "더 많이 행복하시고 다음 시간에 다시 뵙겠습니다" 하고 두 손을
   흔들어 드리며 퇴장한다.

PPT 9-12

빨강

PPT 13-16

파랑

PPT 17-20

노랑
개나리　참외　바나나

파랑
물망초　하늘　바다

보라
제비꽃　가지　콜라비

빨강
장미꽃　토마토　딸기

PPT 21

노랑	파랑	보라	빨강
개나리	물망초	제비꽃	장미꽃
참외	하늘	가지	토마토
바나나	바다	콜라비	딸기

학습지

빨간색에는 노란색으로 / 노란색에는 **파란색**으로 / **파란색**에는 **보라색**으로 /
보라색에는 **빨간색**으로 / 동그라미를 색칠해주세요.

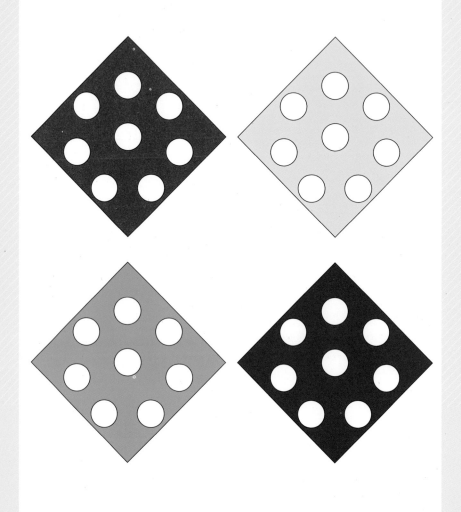

02 풍선 놀이

강의주제 여러 가지 색의 풍선 놀이를 한다.

학습목표 색 인지 기능 향상 및 풍선 놀이로 정서 지원을 기대한다.

도입 건강 박수로 몸을 푼다.

먼저 건강 박수로 몸도 풀고, 마음도 활짝 열어 보겠습니다. 박수를 힘차게 쳐보겠습니다. 박수를 많이 쳐주면 혈액 순환도 잘되고, 소화도 잘되며, 체온 도 올라간다고 하지요? 우리 몸에 체온이 1도만 올라가도 나쁜 병균들이 우 리 몸에 살 수가 없어 도망간다고 합니다(먼저 힘껏 박수를 치고, 건강 박수를 차례대 로 진행한다).

1. 손바닥 박수

합장 박수를 저는 기독교인이므로 아멘 박수로 하겠습니다.

(웃음. 강사들 재량으로 일부러 한 번 더 웃을 수 있는 멘트를 사용한다.)

먼저 힘껏 하나 둘 셋 넷 다섯 여섯 일곱 여덟 … 우렁차게 구령을 붙여 힘 차게 둘둘 셋 넷. (2회 실시)

손바닥을 이렇게 쳐주면 소화가 잘되고, 혈액 순환이 잘된다고 합니다. 그 래서 다시 한번 쳐주겠습니다. 다시 한번 큰 소리로 다 같이 시작!

(* 8가지 박수를 이 형식으로 한다. 한 번 치고 어디에 좋다는 설명을 길게 하지 않는다. 간단 하게 하고 다시 한번 더 한다.)

2. 손끝 박수

손끝을 찔러주면 비염도 예방이 되고, 감기도 예방이 된대요.

(* 양손을 마주 보고 손가락 끝을 찔러준다. 한 번은 오른손이 왼손 끝(손톱 아래)을 여덟 번 찔 러주고, 한 번은 왼손이 오른손 끝을 여덟 번 찔러주는 형식으로 한다. 1번과 같이 반복한다.)

3. 손목 박수

손목 박수를 치면 여자분들은 요실금에 좋고, 남자분들은 전립선에 좋다고 해요.

(* 두 손바닥을 위로 꽃봉오리를 펴고 손바닥 끝부분 손목이 닿도록 한다. 1번과 같이 반복한다.)

4. 손등 박수

손등을 두드려 주면 등이 시원해지고, 요통에 좋다고 해요.

(* 손등을 마주 보고 치면 통증이 더 심할 수도 있다. 번갈아 오른쪽 손바닥으로 왼쪽 손등을 여덟 번 치고, 왼쪽 손바닥이 오른쪽 손등을 여덟 번씩 번갈아 하면 좋다. 1번과 같이 반복한다.)

5. 주먹 박수

주먹 박수를 쳐주면 어깨 통증이 완화가 된다고 해요. 너무 아프지 않게 하실 수 있는 만큼 하세요.

(* 주먹을 쥐고 마주 쳐준다. 1번과 같이 반복한다.)

6. 손날 박수

손날 박수를 쳐주면 변비에 좋다고 해요.

(* 손바닥을 하늘을 향해 펴고 손날을 마주쳐준다. 1번과 같이 반복한다.)

7. 먹보 박수

손바닥에는 심장, 폐와 관련된 혈맥이 있어 심폐기능을 좋게 해준대요.

(* 한 손은 손바닥, 한 손은 주먹을 쥐고, 주먹으로 다른 쪽 손바닥을 쳐준다. 8번하고 손을 바꿔서 한다. 1번과 같이 반복한다.)

8. 목뒤 박수

할 수 있는 만큼만 해주셔요. 안 넘어가는 것을 억지로 하지 마시고요. 온 몸을 시원하게 풀어줍니다.

(* 두 손을 위로 올려서 한 번은 목뒤로 짝, 한 번은 앞으로 짝, 앞뒤로 짝짝 번갈아 쳐준다. 1번과 같이 반복한다.)

풍선(풍선 부는 펌프), 접시, 학습지, 색연필, 음악.

1. 풍선을 불어서 한 개씩 드리고 색깔별로 구분한다.

2. 제시된 색을 구별하고 같은 색 풍선을 들어본다.

3. PPT에 있는 풍선은 색깔별로 몇 개인지 세어보고, 전부는 몇 개인지 세어본다.

4. PPT를 보며 색깔마다 번호를 익힌다.

5. 색깔별로 동작을 만든다(예 노랑 – 만세. 어르신들이 생각해서 동작을 말하도록 유도해서 결정한다).

6. 만들어진 동작으로 〈고향의 봄〉을 불러본다.

7. 접시를 이용해 풍선 놀이를 한다(던져보기, 옮겨보기).

8. 워크지에 익힌 동그라미 번호에 맞게 색칠을 한다.

9. 〈날마다 좋은 날〉을 부르며 율동한다.

10. 박장대소를 하고 인사로 마친다.

PPT 1-10

풍선 색 구별하고 놀이하기

학습지

동그라미 1, 2, 3, 4번 색을 기억해 알맞게 색칠한 다음 5, 6번은 마음대로 칠해주세요.

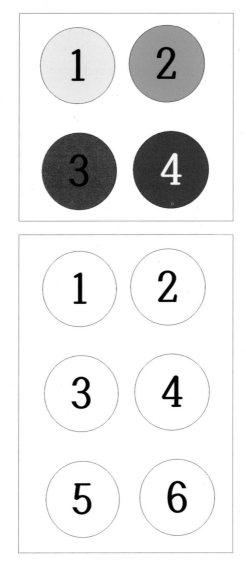

(* 풍선 놀이를 다 하고도 시간이 남을 경우 학습지를 사용한다.)

03 투호 던지기

강의주제 투호를 만들어 던진다.

학습목표 색 인지 기능 향상 및 옛 놀이를 통한 회상학습 효과를 기대한다.

도입 세 박자 박수를 친다.

다 같이 오른손을 들어보세요. 예, 오른손으로 오른쪽, 왼쪽 무릎을 한 번씩 쳐보겠습니다. 너무 잘하셨어요. 다시 한번 오른손을 드시고 오른쪽, 왼쪽 무릎을 쳐주십니다. 예, 너무 잘하셨어요. 왼손으로는 왼쪽, 오른쪽 무릎을 쳐보시겠습니다. 정말 잘하십니다.

그럼 한 번 더 오른손으로 오른쪽, 왼쪽 무릎, 왼손은 왼쪽, 오른쪽 무릎을 쳐주세요. 정말 잘하셨습니다. 그럼 이번에는 오른쪽, 왼쪽 한 다음에 손바닥 박수 한 번 짝 해주세요. 예, 정말 잘하십니다. 이번에는 왼쪽, 오른쪽 짝. 예, 3박자 정말 잘 맞지요. (몇 차례 연습 후) 자, 그럼 지금부터는 구령을 붙여서 쳐보겠습니다.

(* 하나(오른쪽), 둘(왼쪽) 박수를 반복해서 몇 차례 한다. 할 때마다 잘하신다고 칭찬을 하는 것을 잊지 말아야 한다. 가끔은 엄지 척을 한쪽에서 다른 한쪽으로 짝 돌리면서 정말 잘하신다고 칭찬한다. 충분히 연습한 후 〈아리랑〉을 같이 부르면서 박수를 친다.)

막대를 만들 이면지, 색종이, 가위, 풀, 색연필, 학습지.

1. A4 이면지를 대각선으로 돌돌 말아 길쭉한 막대 모양으로 만든다.

2. 4가지 색종이에 자신의 소원을 적어본다(축복, 사랑, 행복, 건강).

3. 1번에 2번을 붙여서 깃발 모양을 만든다.

4. 가운데 원통을 놓고(원통은 두꺼운 종이로 만들 수도 있고, 플라스틱 쓰레기통을 이용할 수도 있다. 대상자 상태에 따라 멀리, 가까이 조절) 차례로 던지기를 한다. 강사 재량에 따라 점수를 매겨도 좋다.

5. 투호 던지기 놀이 후 벌점으로 노래 및 장기자랑을 한다.

6. 놀이가 끝나고 시간이 남을 경우 학습지를 한다.

7. 도입 부분에서 배운 박수를 치며 〈아리랑〉을 2절까지 부른다.

8. 박장대소를 하고 인사로 마친다.

참고자료(투호 만들기)

▲ A4 이면지 한쪽 귀에서 대각선으로 돌돌 만다.　▲ 다 말고 끝부분에 풀칠해서 붙인다.

▲ 색종이를 이등분해 서로 바꾸면 좋다. 4가지 색종이를 잘라 축복, 사랑, 행복, 건강을 써서 붙인다.

같은 색을 따라 줄을 긋고, 가운데 여백에 단어를 한 번씩 따라 쓰세요.

사라진 숫자 찾기

강의주제 사라진 숫자를 찾는다.

학습목표 이어지는 숫자 중 빠진 숫자를 찾으며 집중력을 향상한다.

도입 주먹, 가위, 보, 짝 활동을 한다.

주먹, 가위, 보, 짝. (손 엑스 하고) 주먹, 가위, 보, 짝.

주먹 주먹(주먹을 위로, 아래로 한 번 바꾸면서)

가위 가위(양손 가위를 한 손가락을 마주 한 번, 뒤집어 한 번)

보 보(손바닥을 펴서 이마에 양손을 붙이고, 턱에 대고 예쁜 짓 한 번)

짝짝(손바닥 박수) 충분히 익힌 다음 박수에 맞춰 〈풍당풍당〉 동요 부르기

준비물 PPT, 학습지, 크레파스, 음악.

전개 1. 10~1, 20~11, 30~21을 손가락으로 숫자를 센다.
거꾸로 30~1까지 등 반복해서 해본다.

2. 1~10 중에서 사라진 숫자를 찾는다.

3. 숨어 있는 숫자를 찾는다.

4. 조별로 1조 노랑/ 2조 빨강/ 3조 파랑/ 4조 초록
게임 – 강사가 부르는 조에서(例 노랑 노랑 짝짝) 말한다. / 거꾸로 색을 말
한다(例 1조 1조 짝짝).

5. 사라진 숫자를 완성하고, 학습지를 색칠한다.

6. 〈찔레꽃〉 노래를 부르면서 체조한다.

7. 박장대소를 하고 인사로 마친다.

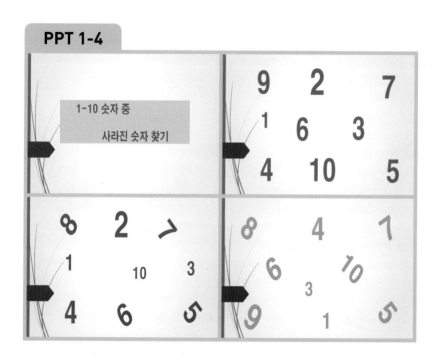

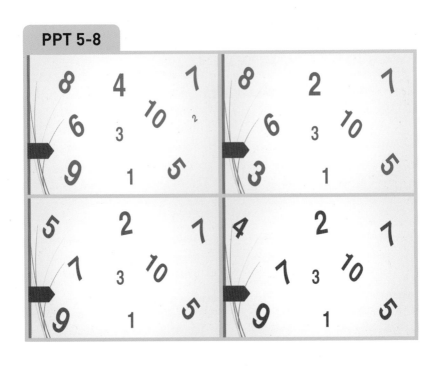

감춰진 숫자는 무엇일까요? 바르게 만든 후 숫자에 맞는 색깔을 말해보세요.

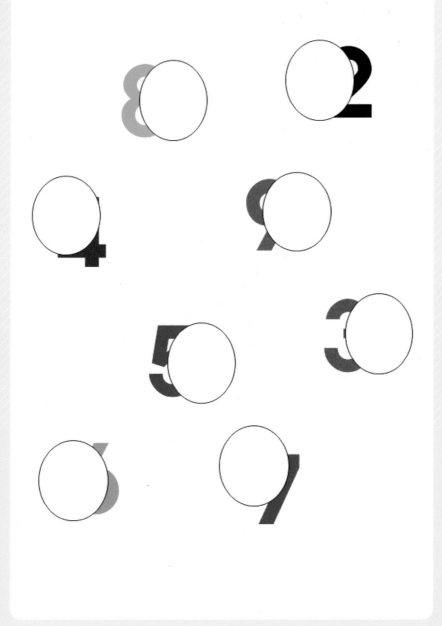

색깔 깃발 안에 글자 익히기

강의주제 색깔 깃발 속에 들어 있는 글자를 익힌다.

학습목표 색 구별 향상과 놀이를 통해 정서 지원을 한다.

도입 박장대소로 마음 열기 및 〈찔레꽃〉 노래를 부르며 실버 체조를 한다.

(* 어르신들과 만드는 작업을 할 수도 있다. 나무젓가락, 색종이, 풀 등을 준비해서 색종이를 반으로 자른 다음, 나무젓가락에 붙이고 글자를 오려서 붙인다.)

준비물 색깔 깃발, 학습지, 음악.
(* 나무젓가락에 색종이를 붙여서 깃발을 미리 만든다. 1인 1세트.)

전개 1. 깃발 한 개씩을 들고 색깔을 익힌다(글자가 없는 쪽 / **예** 강사가 파란색 깃발을 찾아서 색깔을 말한다. 차례대로 5가지 색깔을 다 익힌다. PPT 없이 색깔 깃발을 이용해 익히도록 한다).

2. 그 색깔에 맞는 글자를 익힌다(**예** 파란색은 '건' / 5가지 색깔과 글자를 맞춰서 익힌다).

3. 강사가 글자를 말하고 색깔을 말한다.

4. 3번을 여러 번 연습 후 게임을 진행한다(예 파랑파랑, 건건/ 노랑노랑, 축축/
   빨강빨강, 복복/ 초록초록, 강강/ 주황주황, 야야).
   (무작위로 앞뒤 섞어서 말한다. 난이도는 스피드로 조절한다. 조별로 말하기, 깃발로 찾아
   들기, 말로 하기, 축복, 건강 단어 찾아들기 등 다양한 방법으로 어르신들이 생각하고 말
   하기를 할 수 있도록 유도한다.)

5. 학습지를 한다.

6. 〈고향 버스〉 노래와 실버 체조를 한다.

7. 박장대소를 하고 인사로 마친다.

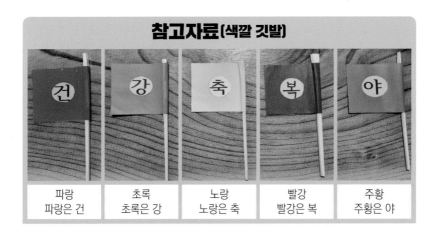

| 파랑
파랑은 건 | 초록
초록은 강 | 노랑
노랑은 축 | 빨강
빨강은 복 | 주황
주황은 야 |

깃발 학습을 하면서 익혔던 글자를 쓰고, 글자에 맞는 색을 칠하세요.

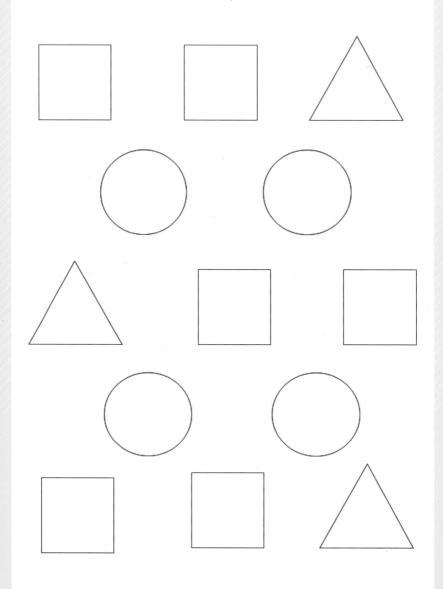

06 가을 여행

강의주제 여행(단풍 구경)을 한다.

학습목표 단풍 구경을 하며 색 인지 향상과 정서 지원을 한다.

도입 둘이 마주 보고 무릎과 손바닥을 치며 신체 활동한다.

다 같이 박수 한 번 쳐 보겠습니다. 혼자 치는 것이 아니고, 두 사람이 마주 보겠습니다. 먼저 두 손으로 무릎을 한 번 쳐 보세요. 준비! '탁' 이렇게 말도 같이 하시면서 무릎을 쳐 봅니다. 다 같이 두 손을 들고 탁(무릎을 친다). 너무 잘하셨습니다.

다음은 박수 한 번 하시겠습니다. 다 같이 짝(소리 내면서 박수를 친다). 너무 잘하셨습니다. 이번에는 앞사람 손바닥에 내 손바닥으로 박수를 칩니다. 다 같이 앞사람 손바닥으로 박수 짝. 잘하셨어요. "이것도 못할까 봐?"라고 하실 수 있지요. 그러나 이것도 잘될 때 많이 해보셔야 해요. 많이 안 해보시면 안 될 수도 있어요.

(몇 차례 연습한 후 하나 둘 셋 구령으로 바꿔서 친다. 구령으로 바꿔서 몇 차례 한 다음) 이것은 1번이었습니다. 2번 해보겠습니다. 이번에는 무릎 한 번 앞사람과 서로 오른손 짝, 왼손 짝 해보시겠습니다. 시작! 무릎 오른손 짝 왼손 짝. 너무 잘하셨어요. 그래도 아까보다는 조금 더 생각해야 되겠지요. (몇 차례 연습 후) 자, 이번에는 1번과 2번을 이어서 하시겠습니다(충분히 연습 후 동요를 부르면서 한다).

(*〈가을 노래〉 가을이라 가을바람 솔솔 불어오니 푸른 잎은 붉은 치마 갈아입고서 남쪽 나라 찾아가는 제비 불러 모아 봄이 오면 다시 오라 부탁하노라. (3박자 노래는 무엇이든지 강사 재량으로 부를 수 있음))

PPT, 학습지, 음악.

1. 단풍이 곱게 물든 산을 구경하며 앉아서 가을 여행을 즐긴다.

2. 우리나라 유명한 산들의 단풍을 보며 색을 구별해본다.

3. 가을 산과 산에 얽힌 이야기를 들어본다.

4. 구경한 산의 단풍들이 몇 가지 색이고, 어떤 색들이 들이 있는지 생각하며 이야기해본다.

5. 단풍잎의 종류와 특징에 대해 알아본다(PPT 20).

6. 학습지에서 단풍잎 그림 옆에 단풍잎을 똑같이 그리고 색칠한다.

7. 〈무조건〉 노래와 체조를 한다.

8. 박장대소를 하고 인사로 마친다.

PPT 5-8

전남 순창 내장산

호남 5대 산 중 하나 /국내 8경 중 하나
8번째 국립공원

충남 보령 청라은행마을

3,000여 그루
우리나라
최대 은행나무
군락지

인위적 조성이
아닌 자연이
만들어낸 풍광

PPT 9-12

서울 북한산

북한산성 탐방지원센터 -
북한산 둘레길 - 서암 -
원효봉 - 북문 - 개연폭포
- 보리사 - 북한동역사관 -
무량사 - 대서문 -
북한산성 입구

숨은벽 능선

둘레길

서울 아차산

고구려정

▲ 아차산에서 본
서울 전경

◀ 구리시와 연결된
한강 다리

아차산 이야기

조선시대 용하다고 소문난
홍계관이라는 점술사가
상자 안에 들어 있는
쥐의 숫자를 맞추었는데도
억울하게 죽은 이야기.

경남 함양 지리산

뱀사골

설악산

조개골

한라산

내장단풍

한국에만 있다.
짙은 붉은색이다.
잎은 3~4cm로 작다.
7~9갈래로 갈라진
잎 가장자리에
뾰족한 톱니가 있다.
가재계곡에서 많이
볼 수 있다.

당단풍

우리나라 대표적인
단풍이다.
잎 길이가 7~10cm다.
손바닥 모양에
9~11개로
깊게 갈라진다.

중국단풍

잎의 밑부분이 둥글고
가장자리가 밋밋하다.
잎 끝은 3개로 갈라지며,
조각은 삼각형이다.
짙은 붉은색에 광택이 있다.
뒷부분은 연한 녹색이나
잿빛이 도는 흰색이다.

느티나무

가을에 노랗고
붉게 물든다.
타원형, 달걀형 잎이
끝이 좁고 톱니가
발달한 것이
특징이다.

고로쇠

봄에는 우리들에게
몸에 좋은 수액을
내준다.
손바닥을 펼친 듯
5갈래로 갈라진
끝은 뾰족해도
톱니는 없다.
뒷면에 가는 털이 있다.

산사나무

가을에 노랗게 물들고
빨간 열매가 있다.
잎은 세모 마름모에
가까운 달걀형 깃털처럼
5~9갈래로 갈라진다.
5~8cm정도다.

복자기

붉은빛으로 물드는
대표적인 단풍나무다.
3개의 작은 잎이
한 잎을 구성한다.
바소꼴(피침 모양)로
굵은 털이 특징이다.

학습지

단풍잎을 보며 옆에 그리고 색칠하세요.

무지개와 계이름

색 인지(무지개와 계이름) 학습을 한다.

1. 무지개를 구경하며 색 인지 능력 향상을 기대한다.

2. 계이름을 적용한 응용학습을 통해 흥미를 유발해 정서 지원을 한다.

박장대소로 마음 열기 후 손가락으로 뇌 인지 훈련을 한다.

손가락 운동을 한 번 해보시겠습니다. 언제나 엄지손가락부터 접으면서 세어 나가지요? 예, 그럼 엄지손가락부터 접으면서 하나, 둘, 셋, 넷, 다섯. 이번에는 새끼손가락부터 접으면서 세어보겠습니다(몇 차례 해본다). 정말 잘하셨습니다. 이번에는 오른손은 엄지손가락부터, 왼손은 새끼손가락부터 양손을 다르게 하는 거예요. 다른 한 손은 엄지손가락, 다른 한 손은 새끼손가락을 접으면서 하나, 둘, 셋(하나부터 열까지를 세면서 접었다, 폈다를 몇 차례 해본다. 뇌 인지 학습과 손가락 운동을 겸해서 한다).

자, 이번에는 주먹을 쥐어 보세요. 그리고 한 손은 엄지손가락을 펴시고, 한 손은 새끼손가락을 펴주세요. 예, 너무 잘하셨어요. 그럼 '바꿔' 하면 양손을 바꿔주시는 거예요.

"바꿔."

(* 이렇게 엄지손가락, 새끼손가락 바꾸기를 몇 차례 하고 나서 〈산토끼〉를 부르면서 바꾸기를 한다. 강사가 먼저 충분히 연습이 되어 있어야 한다.)

준비물 PPT, 학습지, 음악.

전개 1. 무지개 사진을 본다(PPT 1-9).

2. 무지개에 얽힌 이야기를 듣고, 기억나는 이야기를 해본다(PPT 10).

3. 무지개 일곱 가지 색에 해당하는 각각의 사물에 관해 이야기해본다(스토리 텔링 / PPT 11-12).

4. 무지개의 색에 계이름을 붙여 익힌 다음, 색과 계이름을 짝을 지어 말해본다(PPT 13-16).

5. 각자 신체 부분에 따른 계이름을 정해서 터치해본다.

6. 쉬운 동요 계이름을 준비해서 몸을 터치하면서 불러본다(PPT 17-18).

7. 시간이 남을 경우 확장 수업으로 학습지를 한다.

8. 〈나는 열일곱 살이에요〉 노래를 부르면서 율동한다.

9. 박장대소를 하고 인사로 마친다.

PPT 10

무지개에 얽힌 전설

중국, 아메리카 인디언 – 무지개는 연못의 물을 빨아 올려서 생긴다.
한국 – 옛날에 홍수가 난다고 했다.

속담 – 서쪽에 무지개가 서면 소를 강가에 매지 말라.

동남아시아 원시민족
– 아침 무지개는 신령이 물을 마시기 위해 나타낸다고 여겼다.
– 무지개가 선 곳을 파면 금은보화가 나온다.

아일랜드 – 금시계.
그리스 – 금열쇠.
노르웨이 – 금병, 스푼이 무지개 속에 숨겨져 있다고 여겼다.

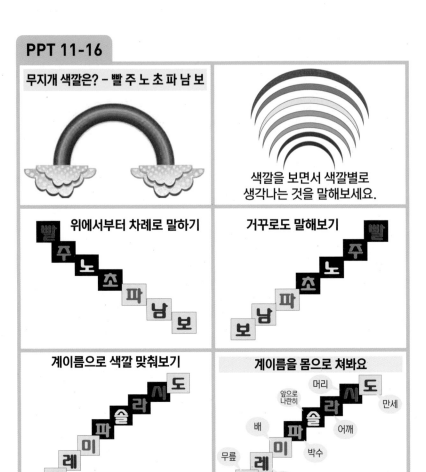

같은 색의 범주에 있는 그림을 찾아 선으로 연결하세요.

08 주사위 놀이

강의주제 주사위 놀이(수에 따라 색깔을 정해서 익히기)를 한다.

학습목표 색 인지 기능 향상 및 놀이를 통한 정서 지원을 한다.

도입 신체활동으로 몸을 푼다.

> 밴드 체조 – 밴드를 활용한 스트레칭 몇 가지를 강사는 미리 익혀둔다. 밴드는 어르신들의 체력을 감안해서 탄력성이 다소 약한 것을 선택한다.

준비물 PPT, 주사위, 학습지, 음악, 밴드.

전개 1. 주사위 수에 따라 색을 정하고 익힌다.

2. 색을 영어로도 말해본다(**예** 하얀색은 화이트).

3. 익힌 색이 주사위의 어떤 수 인지를 말해본다.

4. 영어 단어를 말해보고 무슨 색 인지 말해본다.

5. 어르신들이 가지고 있는 주사위의 색을 말하면 맞는 수 쪽으로 들어 보여준다.

6. 학습지에서 주사위를 던져서 나오는 수의 색을 칠하되 그 수의 개수만큼 칠한다.

7. 〈아이 좋아라〉를 부르면서 율동한다.

8. 박장대소를 하고 인사로 마친다.

주사위 놀이를 합시다.

주사위 숫자와
색깔 익히기

1은 노란색

노란색은 옐로우

2는 검정색

검정색은 블랙

3은 하얀색

하얀색은 화이트

4는 초록색

초록색은 그린

5는 파란색

파란색은 블루

6은 빨간색

빨간색은 레드

노란색은 1

옐로우는 노란색

검정색은 2	하얀색은 3
블랙은 검정색	화이트는 하얀색
초록색은 4	파란색은 5
그린은 초록색	블루는 파란색
빨간색은 6	숫자별 색을 익힌 다음에 주사위를 던져서 나온 수와 색을 기억하며 말해본다.
레드는 빨간색	

주사위를 던져 나오는 수의 색을 그 수만큼 칠하세요.

09 풍선 놀이 후 숫자 빙고

강의주제 풍선 놀이 후 숫자 빙고를 한다.

학습목표 숫자 빙고 게임을 통해 수 인지 활동 및 놀이를 통한 정서 지원을 한다.

도입 건강체조(스트레칭), 박장대소를 한다.

> 건강체조는 중앙치매센터에서 나온 치매예방체조를 추천한다. 박장대소는 웃음 치료 기법으로, 온몸으로 크게 박수를 치고, 발을 구르며 웃는다.

준비물 큰 풍선(펌프), 1-25 번호 용지, 가위, 25칸 용지, 비닐 팩(풍선이 들어갈 만한 것), 음악.

전개 (PPT(그림) 없는 활동)

1. 1-25번 용지를 오린다(25개).

2. 오려 둔 번호를 아주 가늘게 돌돌 말아 풍선 하나에 집어넣는다(가능하면 어르신들이 할 수 있도록 하되 대상자의 상태에 따라 강사가 미리 넣어갈 수도 있다).

3. 펌프로 풍선에 바람을 넣고 적당히 터지지 않도록 묶어 준다.

4. 우리 몸속에서 버리고 싶은 것이 무엇인지 말해본다(염려, 두통, 관절염 등 강사가 만들어 생각하고 말할 수 있도록 유도한다).

5. 풍선을 들어 버리고 싶은 것들을 손으로 하나씩 풍선 속으로 넣는 시늉을 하면서 집어넣기를 한다(예 다 같이 내 몸속에서 버리고 싶은 것을 꺼냅니다. "나는 신경통." 그리고 풍선으로 쏙 집어넣습니다. 잡은 신경통이 도망가지 않도록 잘 잡

고 풍선으로 가져가서 넣어줍니다. 풍선에 대고 "들어가거라" 하고 넣습니다). 그다음 많은 것들을 다 집어넣는다.

6. 다 집어넣은 다음 "여태 나를 갖고 놀았겠다. 이제 내가 너를 가지고 놀 아 주겠어"라고 풍선(속에 버려진 것)을 보며 말한다.

7. 풍선을 가지고 논다(풍선 체조, 앞뒤로 넘기기, 던지고 받기 등).

8. 시간을 보면서 적당히 놀고 난 후 비닐 팩에 풍선을 넣고 터뜨려준다.

9. 터뜨린 다음 넣어 두었던 번호를 펴서 펴는 순서대로 25칸에 적어준다.

10. 다 적었는지를 확인하고 강사가 부르는 번호를 연필로 지워준다.

11. 가로세로 대각선 한 줄 먼저 지워진 사람이 빙고를 외친다.

12. 시간을 봐서 더 할 수도 있고, 덜 할 수도 있다. 빙고를 외친 사람에게 모두 손가락 하트를 날리며 "당신 멋져!"를 외쳐준다.

13. 〈일소일노〉 노래와 율동을 한다.

14. 박장대소를 하고 인사로 마친다.

10 종이컵 쌓기(스포츠 스태킹)

강의주제 ▶ 종이컵을 쌓는다.

학습목표 ▶ 소근육 운동 및 집중력 향상을 한다.

도입 ▶ 손을 푼다.

왼쪽 손가락 하나하나를 오른손으로 당겨준다(반대로도 실시). 손을 쥐었다 폈다 한다. 양손을 엄지, 검지, 중지, 약지, 소지순으로 접으며, 하나 둘 셋 … 열까지 세기를 반복한다(강사는 미리 충분히 연습한다).

(* 스포츠 스태킹(Sport Stacking)은 컵을 빠르게 쌓고 내리면서 스피드를 겨루는 스포츠다. 유튜브로 하는 방법을 살펴보고, 재량껏 쌓기를 해본다.)

(준비물) 종이컵, 학습지, 색연필, 음악.

(전개) (PPT(그림) 없는 활동)

1. 종이컵을 색깔별로 나란히 놓는다(한 색깔당 컵 3개×3).

2. 색을 구별해본다.

3. 두 가지 색만 자신의 앞에 놓고 나머지는 앞에 둔다.

4. 오른손, 왼손 컵을 잡는 순서를 정해 3개의 컵을 2층으로 쌓는다(색깔별로 2개가 만들어진다).

5. 오른손, 왼손 컵을 잡는 순서를 정해 처음 상태로 포갠다.

6. 4, 5번 활동을 여러 번 반복해 연습한다.

7. 반복해본 후 누가 누가 빠른지(쌓고 내리기까지) 스피드를 낸다.

8. 색깔 2개, 6개의 종이컵을 이용해 3층을 쌓아보고, 처음 상태로 포개는 것까지 연습해본다(오른손, 왼손 컵을 잡는 순서를 정해서 해본다).

9. 색깔 3개, 9개의 종이컵을 이용해 높은 탑을 쌓아본다(1개는 바로, 1개는 엎어 놓을 때 축복, 사랑, 건강 등을 적은 종이를 컵에 넣어 쌓고 내리면서 무엇을 넣었는지 말해보자).

10. 활동 : 점선으로 그려진 컵을 따라 그리고 꾸민다(색종이 찢어 붙이기, 색칠하기 등).

11. 〈뿌이고〉 노래와 체조를 한다.

12. 박장대소를 하고 인사로 마친다.

점선을 따라 그린 후 색칠 또는 색종이 찢어 붙이기로 컵을 꾸며 주세요.

2장

수 인지 학습

화투 활용 수 계산하기

강의주제 ▶ 화투를 활용해 수를 계산한다.

학습목표 ▶ 친근감 있는 도구 활용 수업으로 수 인지를 향상한다.

도입 ▶ 화투 박수를 친다.

모으고 모으고 짝짝. 섞고 섞고 짝짝. 돌리고 돌리고 짝짝. 보고 치고 짝짝. 자, 오늘은 우리 고스톱 한 번 쳐보겠습니다. 고스톱 다 좋아하시지요? 많이 해보셨지요? 예, 오늘은 화투 없이 말로, 손으로 해보겠습니다.

고스톱을 치려면 먼저 화투판에 화투를 펴놓고 모아야겠지요. 양손으로 바닥에 있는 화투를 모아줍니다. 모으고 모으고 짝짝. 다 모았으면 아래위로 잘 섞어 줘야지요. 잘 모아진 화투를 위로, 아래로 섞어 주는 겁니다. 섞고 섞고 짝짝. 이제 잘 섞었으면 돌려줍니다. 돌리고 돌리고 짝짝. 잘 돌려서 각자 다 받으셨지요. 잘 보고 쳐야 됩니다. 여기서는 보고 치고를 같이 가겠습니다. 화투 한 장을 뽑아서 보고, 바닥에 있는 짝 맞는 화투에 치는 겁니다. 보고 치고 짝짝.

예, 처음부터 끝까지 해보겠습니다. 모으고 모으고 짝짝 / 섞고 섞고 짝짝 / 돌리고 돌리고 짝짝 / 보고 보고 짝짝 / 치고 치고 짝짝 / 모으고 짝 섞고 짝 돌리고 짝 보고 짝 치고 짝 / 모으고 섞고 돌리고 보고 치고 짝짝짝짝. 너무 잘하셨습니다.

1번이 뭐였나요? 그렇지요. 모으고였지요. 3번은 뭐였을까요? 아하, 섞고가 아니고 돌리고였습니다(박수 순서를 어느 정도 인지했는지를 질문 형식으로 한 번 더 기억해보는 시간을 갖는다. 그리고 반복해서 박수를 쳐보고 스피드를 내면서 해본다).

자, 지금부터는 짝짝은 빼고 순서대로 해보겠습니다. 모으고 모으고 섞고 섞고 돌리고 돌리고 보고 치고. 예, 보고 치고는 박자를 맞추기 위해서 한 번씩만 넣고 해봅니다(이렇게 다시 반복해서 해본다). 그럼 지금부터는 〈닐리리맘보〉 노래에 맞춰서 해보시겠습니다.

준비물) PPT(상황에 따라 화투 조별 준비도 됨), 학습지, 음악.

전개) 1. 화투 그림마다 정해져 있는 월, 이름을 박수 치며 크게 말해본다.

2. 화투 피 그림 두 장에서 다른 점을 찾아낸다(PPT 13-24).

3. 월마다 그림이 무엇인지 다시 한번 말한다(PPT 25-28).

4. 빠진 것은 무엇인지 찾아본다(PPT 29-31).

5. 화투를 이용해 덧셈을 해보고, 손가락으로 표현해본다(PPT 32-46).

6. 화투 덧셈식 학습지를 푼다.

7. 〈덕분에〉 노래를 하며 율동한다.

8. 박장대소를 하고 인사로 마친다.

PPT 1-9

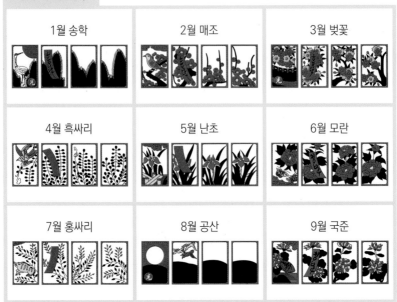

1월 송학	2월 매조	3월 벚꽃
4월 흑싸리	5월 난초	6월 모란
7월 홍싸리	8월 공산	9월 국준

PPT 10-12

| 10월 단풍 | 11월 오동 | 12월 비 |

피 두 장의 다른 점을
찾아보세요.

1월 송학	2월 매조	3월 벚꽃		4월 흑싸리	5월 난초	6월 모란

7월 홍싸리	8월 공산	9월 국준		10월 단풍	11월 오동	12월 비

빠진 것은?

빠진 것은?

빠진 것은?

1 + 1 = 2　　　2 + 2 = 4　　　3 + 3 = 6

4 + 4 = 8　　　5 + 5 = 10　　　6 + 6 = 12

1 + 2 = 3　　　1 + 3 = 4　　　1 + 4 = 5

1 + 5 = 6　　　2 + 6 = 8　　　1 + 7 = 8

2 + 8 = ?　　　1 + 9 = ?　　　1 + 10 = 11

학습지

빈칸에 맞는 숫자를 적어 넣으세요.

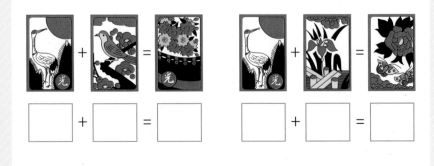

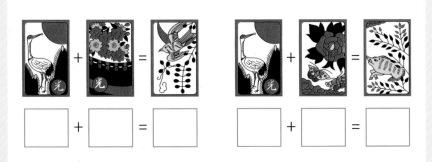

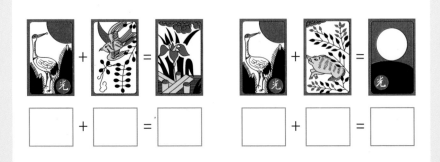

12 홀수 짝수 찾기

강의주제 홀수 짝수 놀이를 한다.

학습목표 수 인지 기능 활성화 및 찾는 과정을 통해 집중력을 향상한다.

도입 〈꽃나비 사랑〉 율동 및 박장대소를 한다.

> 〈꽃나비 사랑〉 가사에 맞춰 움직인다. 예를 들면, '꽃나비가 되어 날아가고파' 부분에서는 나비처럼 날갯짓을 한다. '그대 품에 안기고 싶어'는 자신을 안아주고, '살랑살랑 대며'는 두 손을 위로 살랑살랑 흔드는 식으로 율동을 만든다.

준비물 병뚜껑(번호를 붙여 도구로 사용), 학습지, 색연필, 음악.

전개 1. 1-15까지 크게 외쳐본다.

2. 1-15에서 홀수와 짝수를 나눠본다.

3. PPT를 보면서 강사가 제시하는 대로 학습한다.

4. PPT를 보지 않고 손가락으로 강사가 제시하는 수 펴기(예 짝수 하면 손가락을 짝수로 편다. 홀수 하면 홀수로 편다. 양손을 다 활용하도록 5 이상이나 이하로 제시한다)를 한다.

5. (도구 활용) 숫자가 붙여진 생수병 뚜껑에서 홀수 짝수를 찾아 구분한다.

6. 강사와 동일한 숫자를 찾아서 든다(무작위로 짝수 2개, 홀수 1개/ 짝수 3개, 홀수 2개 등). 숫자 2개를 8이 되도록 찾아 든다. 그리고 숫자 3개로 9가 되도록 찾아 든다. 이때 강사는 미리 제시할 발문지를 만들어 둔다.

7. 추억의 홀 / 짝 조별로 게임을 해본다(최종 승자는 뽑아서 노래하기 등을 한다).

8. 홀수 짝수 찾기 학습지를 한다.

9. 〈꽃나비 사랑〉 체조를 한다.

10. 박장대소를 하고 인사로 마친다.

홀수 짝수	1 3 5 7 9 11 13 15	2 4 6 8 10 12 14
짝수만 큰 소리로 읽기 2 **4** 5 6 1 3 **7**	**짝수만 큰 소리로 읽기** 8 **9** **11** **12** 7 10 13	**짝수만 큰 소리로 읽기** 8 **11** 7 13 15 **3** 9 **6**
짝수만 큰 소리로 읽기 8 **7** 4 3 13 15 **11** 9 **6**	**짝수만 큰 소리로 읽기** 7 10 **2** **8** 9 5 15 11	**홀수만 큰 소리로 읽기** **13** **8** 6 **4** **1** 11 15 **7** 5 3
홀수만 큰 소리로 읽기 **1 2** 3 **8** 6 10 **11** 12 **13** 4 5 **7** 15 9 14	**홀수만 큰 소리로 읽기** **9** **11** 8 **7** 10 12 13	**홀수만 큰 소리로 읽기** 8 **11** **3** **7** 13 15 9 6

짝수는 빨간색, 홀수는 파란색으로 동그라미를 해주세요.

1 2 3 10 8 6 12 15 5 11 13 4 9 14 7

(* 도구 준비 : 병뚜껑에 숫자 스티커를 붙이거나 유성 매직펜으로 쓴다.)

13 도토리 수 세기와 한자 숫자 쓰기

강의주제 도토리 수를 세고, 한자 숫자를 쓴다.

학습목표 수 인지 능력 활성화 및 도토리를 통한 정서 지원을 한다.

도입 가위바위보 게임을 한다.

> 강사와 같이 가위바위보 게임(지시 가위바위보 – 혼자서 양손 가위바위보를 하되 강사가 지시한다. 한 번은 오른손이 이기도록, 다른 한 번은 왼손이 이기도록 하는 등)을 한다. 도토리 동요 음악을 틀고 노래를 따라 부른다(PPT 1).

준비물 PPT(그림), 보드마커, 보드, 화장지, 색연필, 학습지, 음악.

전개 1. 가을, 다람쥐에 관한 이야기를 나눈다.

2. 도토리로 만드는 음식에 관해 이야기해본다.

3. PPT를 보고 다람쥐가 모아 놓은 도토리 수 세기(PPT 2-6)를 한다.

4. 1-10까지 도토리 개수에 맞는 한자를 읽어본다(PPT 7-16).

5. 한자에 맞는 개수만큼 도토리(동그라미)를 그린다(보드마커로 쓰고 지우기 활동을 한다(* 지퍼백에 A4 용지를 넣고 보드마커를 사용할 수 있는 보드를 준비한다)).

6. 보드마커로 도토리 개수에 맞는 한자를 써본다(PPT 27은 앞서 익힌 한자를 생각하며 써보도록 시간을 준 후 보여준다).

7. 1-10까지 한자 따라 쓰기 활동지(색연필로 다양한 색으로 따라 쓴다)를 한다.

8. 〈남행열차〉를 부르며 체조한다.

9. 박장대소를 하고 인사로 마친다.

PPT 1-6

동요
〈도토리〉를
부른다.

PPT 7-16

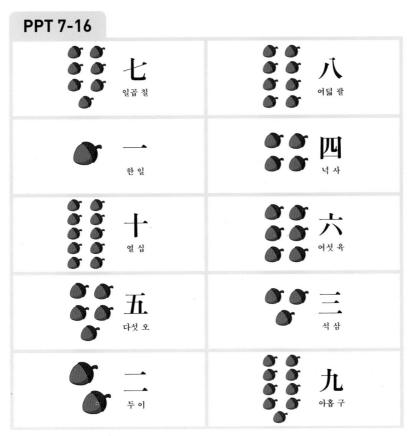

七 일곱 칠	八 여덟 팔
一 한 일	四 넉 사
十 열 십	六 여섯 육
五 다섯 오	三 석 삼
二 두 이	九 아홉 구

PPT 17-26

한자 읽어 보기

三

석 삼

五

다섯 오

二

두 이

十

열 십

六

여섯 육

九

아홉 구

一

한 일

四

넉 사

七

일곱 칠

한자를 따라 써보세요.

PPT 27

五	다섯 오	十	열 십
四	넉 사	九	아홉 구
三	석 삼	八	여덟 팔
二	두 이	七	일곱 칠
一	한 일	六	여섯 육

14 과일 채소로 15 만들기, 짝꿍 수 익히기

강의주제 과일, 채소로 수 인지 학습 15를 만들고, 수 인지 학습을 한다.

학습목표 1. 15가 되는 짝꿍 수를 알 수 있다.

2. 계산능력이 향상된다.

도입 1. 엄지손가락부터 접으며 1~10까지 세어본다.

2. 반복해서 한다(강사는 미리 연습해둔다).

몸풀기 박수

1. 위로 위로 짝짝. 아래로 아래로 짝짝. 위로 짝. 아래로 짝. 위로 아래로 짝짝. (반복)

2. 안으로 안으로 짝짝. 밖으로 밖으로 짝짝. 안으로 짝. 밖으로 짝. 안으로 밖으로 짝짝. (반복)

3. 1, 2번을 같이 한다.

위로 위로 짝짝. 아래로 아래로 짝짝. 안으로 안으로 짝짝. 밖으로 밖으로 짝짝. 위로 짝. 아래로 짝. 안으로 짝. 밖으로 짝. 위로 아래로 안으로 밖으로 짝짝 짝 짝. (반복)

(* 점점 갈수록 빠르게 하면 재미있다.)

과일 채소 그림, A4 용지, 가위, 풀, 음악.

1. PPT 없이 직접 과일 숫자 카드를 만들어서 사용한다.

2. ① 과일, 채소 그림을 준비한다(그림 1을 2등분 한다).

   ② A4 용지와 1의 그림 한 장을 준다.

   ③ A4 용지를 6등분한다(가로로 한 번 접고 3등분 한다).

   ④ 준비된 그림(과일, 채소)을 한 개씩 오린다.

   ⑤ 6등분된 종이 하단에 과일, 채소 이름을 쓰고 숫자를 적는다(딸기 5, 사과 6, 당근 7, 포도 8, 무 9, 배 10).

   ⑥ 이름 써 놓은 것을 보고 오려놓은 과일, 채소를 찾아서 붙인다.

3. 15 만들기 짝꿍 수를 익힌다(먼저 말로 한다. – 강사가 숫자 한 개를 제시하면 답을 하는 형식으로(6, 9/ 7, 8/ 10, 5)).

4. 3번의 과정을 반복해 조별로 게임을 할 수 있도록 한다.

5. 만들어 놓은 카드를 찾는다(여러 가지 방법으로 한다. 강사가 포도를 들면 대상자들은 당근을 찾아서 드는 형식으로 다양하게 한다. / 조별로 1조에서 사과를 들면, 다른 조에서는 무를 드는 형식으로 진행한다).

6. 〈서울구경〉 노래를 부르며 체조한다.

7. 박장대소를 하고 인사로 마친다.

그림 1

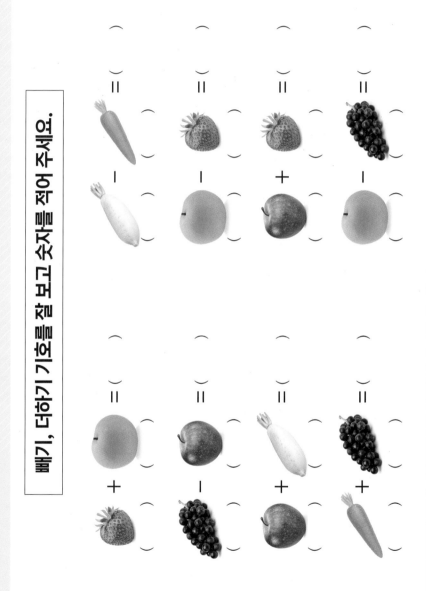

빼기, 더하기 기호를 잘 보고 숫자를 적어 주세요.

(* 시간이 남을 경우 학습지를 한다.)

15 달에 숫자 붙여 놀기

강의주제 달에 숫자를 붙여 놀이한다.

학습목표 1. 달의 모양에 따른 이름을 말할 수 있다.
2. 날짜(숫자)별 달의 모양을 알 수 있다.

도입 1. 3박자 박수(강사 임의대로 만들 수 있다)를 먼저 배운다.
2. 반복 연습한다.

달아 달아 밝은 달아 이태백이 놀던 달아

저기 저기 저 달 속에 계수나무 박혔으니

은도끼로 찍어내어 금도끼로 다듬어서

초가삼간 집을 짓고 양친 부모 모셔다가 천년만년 살고지고

(* 3박자 박수 치며 부르기)

PPT(그림), 10칸짜리 A4 용지, 색연필, 가위, 음악.

1. 달에 대한 스토리 텔링을 한다.

2. 달의 변화를 사진 또는 PPT로 구경한다.

3. 달의 모양에 따른 이름을 말해본다(초승달, 보름달 등).

4. 한 달 동안 달 모양의 변화를 다시 보며 새긴다.

5. 지금까지 구경한 달 그림 중 자기가 그리고 싶은 달 10개를 골라서 그린다. 번호를 적고 오린다.

6. 5번에서 오려놓은 달을 강사가 말하는 대로 찾아내기를 반복한 다음 접어놓는다.

7. 접어놓은 달 그림 중 다 같이 한 개를 뽑는다. 강사가 제시하는 번호를 뽑은 사람에게 선물을 준다. 몇 차례 반복한다(선물은 뻥튀기나 가벼운 것으로 하되, 수업이 끝나면 뽑지 못한 사람도 다 같이 먹을 수 있도록, 두고 올 수 있는 것으로 준비한다. 개인적으로 몇 명만 선물을 주는 것은 되도록 삼간다).

8. 〈십오야〉 노래와 율동을 한다.

9. 박장대소를 하고 인사로 마친다.

(* 강사는 뽑기 번호를 1-27번을 준비한다.)

(* PPT 7-33번까지는 그림을 PPT로 옮겨 넣을 때 1-27번 번호를 붙여 준다.)

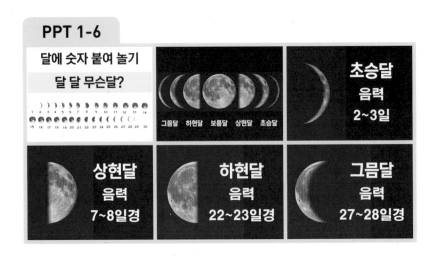

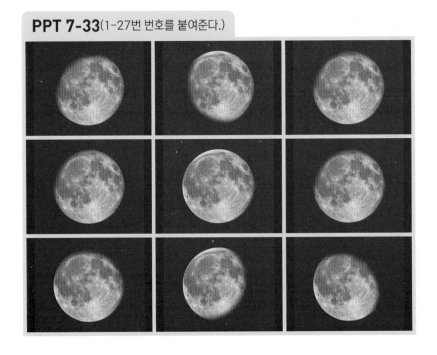

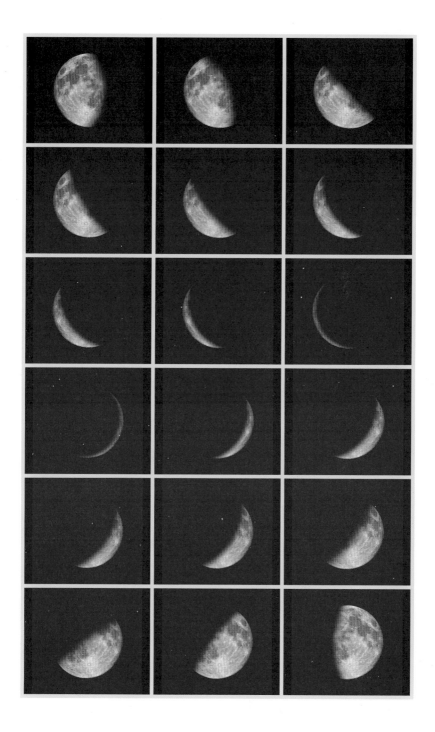

16 별자리

강의주제 겨울철 별자리를 배운다.

학습목표 1. 별자리마다 별의 개수를 알 수 있다.

2. 별자리 모양을 따라 스티커를 붙일 수 있다.

도입 1. 박장대소로 마음을 연다.

2. 〈반짝반짝 작은 별〉 노래를 부르며 손 유희 활동을 한다.

---

1. 반짝반짝 작은 별(두 손을 어깨높이만큼 들고 반짝반짝 돌려준다)

아름답게 비치네(반짝반짝과 같이 양손을 서로 가운데서 바깥으로 한 바퀴 돌려준다)

2. 동쪽 하늘에서도(오른쪽으로 두 손을 다 가리킨다)

서쪽 하늘에서도(왼쪽으로 두 손을 다 가리킨다)

1번을 반복한다.

준비물 PPT, 학습지(별을 붙일 밑그림), 별 종이, 가위, 풀, 음악.

전개 1. 겨울철 별자리에 대해 알아본다.

2. 별자리에 있는 별의 개수를 세어본다.

3. 별 종이를 동그라미로 오려준다.

4. 별을 밑그림 점에 붙여준다.

5. 별을 붙인 자리는 무슨 자리인지 말하고, 별의 개수를 세어 본다.

6. 〈네박자〉 노래와 체조를 한다.

7. 박장대소를 하고 인사로 마친다.

오리온 자리	큰 개 자리	작은 개 자리
19개	16개	2개
마차부 자리	쌍둥이 자리	에리다누스 자리
11개	17개	29개
외뿔소 자리	토끼 자리	황소 자리
7개	10개	6개
게 자리		
7개		

아래에 있는 별을 오려서 별자리의 점 부분에 붙여 주세요.

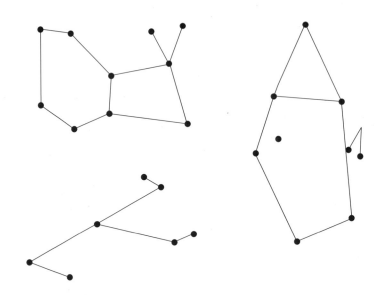

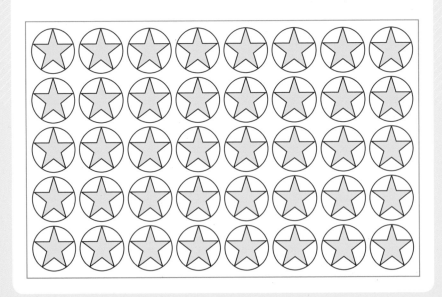

17 손 낚시 놀이

강의주제 물고기 잡기를 통해 수 인지 학습을 한다.

학습목표 1. 물고기 값을 계산하며 수리력을 향상한다.
2. 낚시 놀이를 통해 정서 지원을 한다.

도입 〈고기잡이〉 노래를 부른다.

고기를 잡으러 바다로 갈까나. 고기를 잡으러 강으로 갈까나.

(오른쪽 항해 두 팔 흔들며 가는 시늉(왼쪽도 반복))

이 병에   가득히   넣어 가지고서

(오른손 주먹) (왼손 주먹) (양 옆 사람과 주먹 치기)

라라라라 라라라라   온다   야

(손바닥 양옆 사람과 치기) (내 손바닥 박수 두 번) (위로 두 손 들고)

준비물 일회용 비닐장갑, 자석, 클립 물고기, A4 용지, 펜.

전개 1. 민물고기의 사진을 보며 이름을 알아본다.

2. 민물고기의 크기와 특징을 알아본다.

3. 말로 민물고기 요리를 해 먹는다.

4. 클립 물고기를 책상 위에 펴 놓는다(어르신들 마주 보고 4명 한 조).

5. 일회용 비닐장갑을 손에 낀다. 자석 하나를 장갑(손바닥) 속에 넣는다.

6. 손바닥이나, 손가락이나 자석이 있는 쪽으로 물고기 클립에 갖다 대면 물고기가 달라붙는다. 다른 손으로 떼어 모아두고 다시 한다.

7. 한 차례 끝나면 본인의 물고기 가격을 A4 용지에 적어 놓는다.

8. 몇 차례 한 뒤 합계를 내서 가장 가격이 높은 차례로 순위를 매긴다.

9. 1, 2, 3등을 뽑아서 장기자랑을 시킨다(대상자의 성향을 고려한다).

10. 〈섬마을 선생님〉 노래를 부르며 신체활동을 한다.

11. 박장대소를 하고 인사로 마친다.

(* 민물고기 뒷면에 (한 세트) 물고기 수대로 번호를 쓰고, 가격을 책정해서 적어둔다.)

참고자료(손 낚시 놀이)

(* 활동이 불편한 어르신들이 책상에 앉아서 낚싯줄 없이 손으로 할 수 있는 방법이다.)

18 공기로 숫자 놀이

강의주제 공기로 숫자 놀이를 한다.

학습목표 숫자 놀이를 통해서 수 인지 기능을 유지하고, 향상한다.

도입 손가락 운동을 한다.

손가락 하나하나를 당겨준다. 양 손가락을 맞대고 할 수 있는 만큼 밀어준다. 깍지 끼고 손끝으로 양쪽 손등을 눌러준다.

(하나 둘 셋 넷, 떼었다 다시 하나 둘 셋 넷 반복해서 4회 정도) 손을 털어주고 주먹 쥐고 몇 차례 반복한다. 손뼉을 힘껏 치며 박장대소를 한다.

준비물 PPT, 공기(1인 20개), 학습지, 색연필. 음악.

전개 1. 당근, 사과, 우산, 바나나 값을 익힌다(PPT 2 / 돈이 아닌 공기로 몇 개인지 익히기).

2. 당근 하면 5개를 세어 놓는다(다시 섞어놓고 사과, 우산, 바나나까지 해본다).

3. 그림을 보며 각각의 값을 세어 놓고 합해서 세어 본다.

4. 그림 없이 다섯 개씩 나눠놓기, 3개씩 나눠놓기, 짝이 안 맞을 때는 몇 개가 남았는지, 몇 개가 모자라는지 등 수 놀이를 한다.

5. 숫자를 따라 당근, 우산, 사과를 그리고 색칠한다.

6. 〈보약 같은 친구〉 노래와 율동을 한다.

7. 박장대소를 하고 인사로 마친다.

PPT 1-8

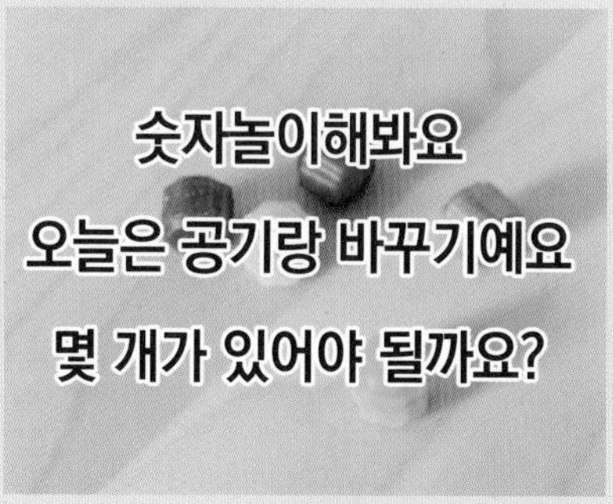

기억하기

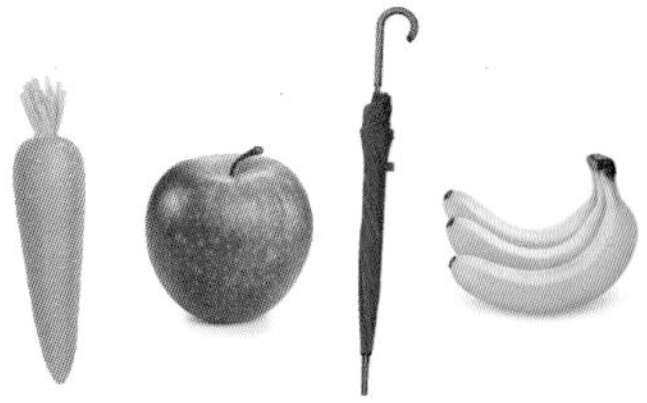

5개 6개 10개 7개

13

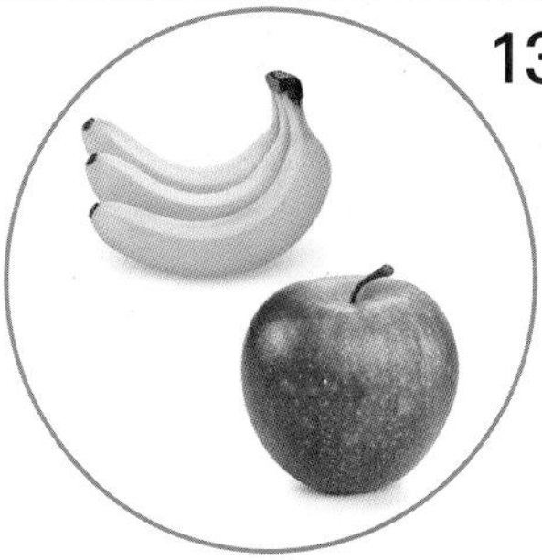

11

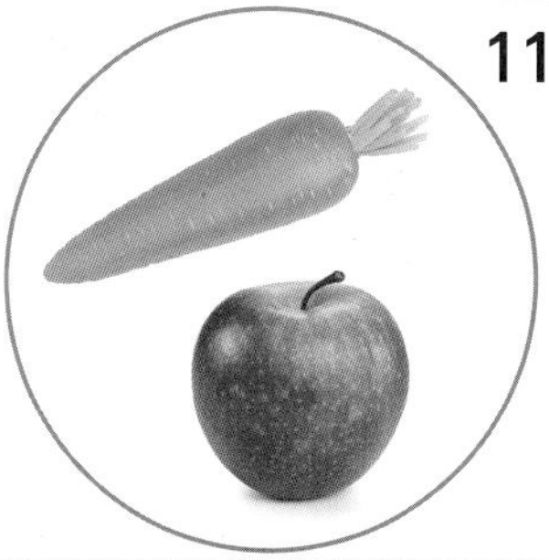

17

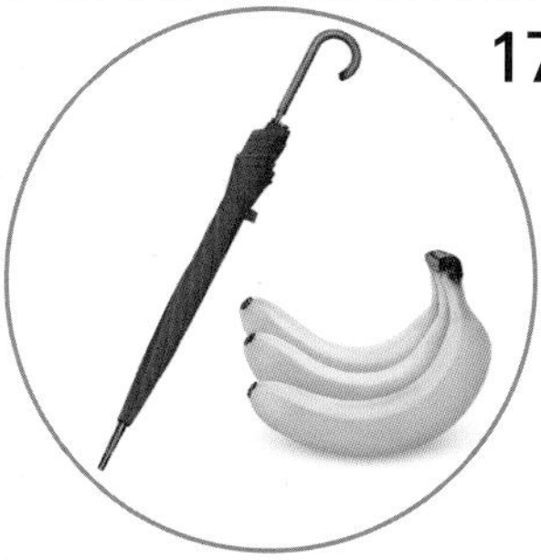

10

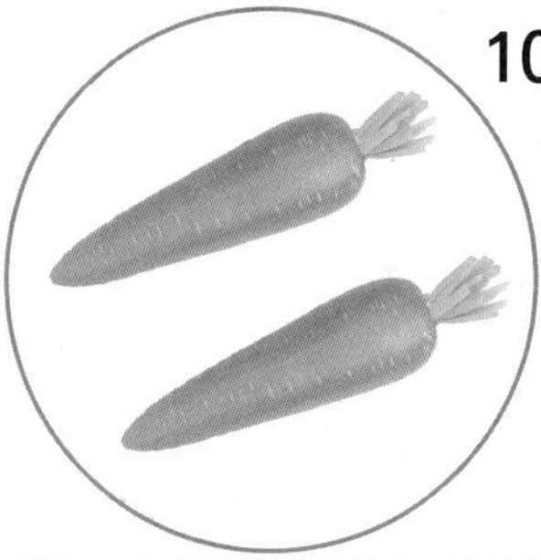

12

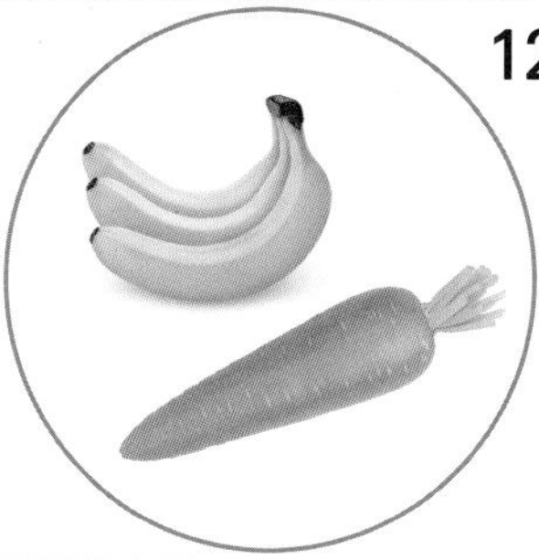

16

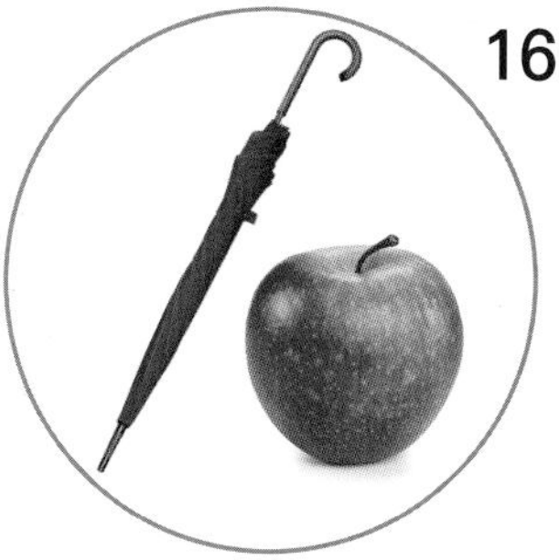

숫자를 차례대로 연결해서 선을 그린 다음에 색칠해서 꾸며 주세요.

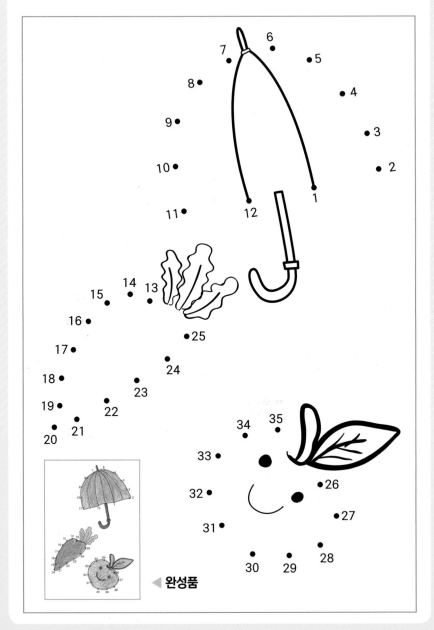

▲ 완성품

19 주사위 놀이를 통한 심리 정서 지원

강의주제 주사위 놀이를 한다.

학습목표 주사위 놀이를 통해 심리 정서 지원을 하고, 수 인지 기능을 유지 및 향상한다.

도입 박장대소 후 박수를 친다.

무릎 두 번 박수 두 번 왔다 갔다 왔다 갔다(손바닥 아래로 향하고 양손 왔다 갔다).

무릎 두 번 박수 두 번 주먹주먹 주먹주먹(아래위로 두 손 번갈아).

무릎 두 번 박수 두 번 연지연지 곤지곤지.

무릎 두 번 박수 두 번 땅 땅 땅(엄지 검지 펴서 대상자들을 보고 총 쏘는 시늉).

몇 차례 반복 연습한 후 〈독도는 우리 땅〉(1절)을 부르면서 한다

준비물 주사위, 보드마카 펜, 화장지, 보드(비닐 팩에 9칸 그린 용지 넣어서).

전개

1. 주사위 두 개를 던져 두 수를 합쳐서 십은 버린다. 일자리 수만 보드마카로 아홉 칸 화이트 보드지에 기록한다.

2. 칸을 다 채운 후 좋아하는 수 하나를 골라 동그라미 친다.

3. 선택한 숫자를 가지고 스토리 텔링을 한다(참고자료 2).
   (본인들이 선택한 숫자를 좋아하는 이유를 물어본다. 한 사람씩 질문하면, 다음 대상자들은 '나는 이 숫자를 왜 좋아한다고 말할까?'라고 생각하기 시작한다. 어르신들의 뇌 활동이 자연스럽게 이루어진다.)

4. 스토리 텔링을 마친 후 화장지로 지운다(어르신들 세대에서는 까맣게 칠한 것을 화장지로 지웠을 때 다시 깨끗해지는 것을 보며 흥미로움을 느낀다).

5. 주사위를 다시 던져 차례대로 1-9까지 맞는 칸에 쓰도록 하고, 전체 더하기를 한다(1-9까지의 합이 45가 됨을 알게 된다. (참고자료 3)).

6. 1-9까지의 숫자를 기록하는 순서를 알려주고, 다 기록한 후 가로, 세로, 대각선 각각 더하기를 한다. 결과를 보며 마방진의 신비함을 느끼게 된다(참고자료 4).

7. 도입부에서 연습한 박수를 한 번 더 하고, 〈독도는 우리 땅〉을 부르며 박수 친다.

8. 박장대소를 하고 인사로 마친다.

참고자료 1

참고자료 2(좋아하는 수에 동그라미)

참고자료 3(합 구하기)

참고자료 4(가로, 세로, 대각선 더하기)

20 동물농장 이야기

강의주제 ▶ 동물농장 이야기를 한다.

학습목표 ▶ 수 인지 학습을 흥미롭게 하기 위해서 동물농장을 둘러보며 수 인지 기능을 활성화한다.

도입 ▶ 박장대소로 마음을 연다.

네 박자 박수로 〈고향의 봄〉을 부른다. 네 박자 박수는 머리, 어깨, 허리, 손뼉 등을 터치하면서 강사 재량으로 만든다.

준비물 PPT, 학습지, 색연필, 음악.

전개 1. 동물농장을 그림을 통해 둘러본다.

2. 농장마다 어떤 동물이 몇 마리씩이나 있는지 세어 본다.

3. 동물에 얽힌 기억을 되살려보며 이야기한다(닭, 토끼, 개 등 가축을 길렀던 추억).

4. 동물농장 동요를 부르며 동물 소리를 흉내 내 본다.

5. 동물 그림으로 덧셈, 뺄셈을 해본다.

6. 준비된 학습지를 한다(덧셈, 뺄셈 및 색칠한다. 색칠하기는 시간에 따라서 조율한다).

7. 〈고향 버스〉 노래를 부르며 율동한다.

8. 박장대소를 하고 인사로 마친다.

PPT 1-4

동물농장

닭장 속에는 암탉이 (꼬꼬댁)
문간 옆에는 거위가 (꽥꽥)
배나무 밑엔 염소가 (음매)
외양간에는 송아지 (음매)
닭장 속에는 암탉들이
문간 옆에는 거위들이
배나무 밑엔 염소들이

외양간에는 송아지
닭장 속에는 암탉들이
문간 옆에는 거위들이
배나무 밑엔 염소들이
외양간에는 송아지
오 히 야하 오 오오 오오
오 히 야하 오 오오 오

깊은 산속엔 뻐꾸기
(뻐꾹)
높은 하늘엔 종달새
(호르르)
부뚜막 위엔 고양이
(야옹)
마루 밑에는 강아지
(멍멍)

깊은 산속엔 뻐꾸기가 / 높은 하늘엔 종달새가
부뚜막 위엔 고양이가 / 마루 밑에는 강아지
깊은 산속엔 뻐꾸기가 / 높은 하늘엔 종달새가
부뚜막 위엔 고양이가 / 마루 밑에는 강아지
오 히 야하 오 오오 오오
오 히 야하 오 오오 오
오 히 야하 오 오오 오오
오 히 야하 오 오오 오

PPT 5-8

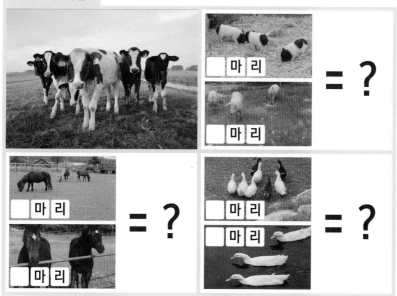

학습지

동물을 색칠하고 합을 적으세요.

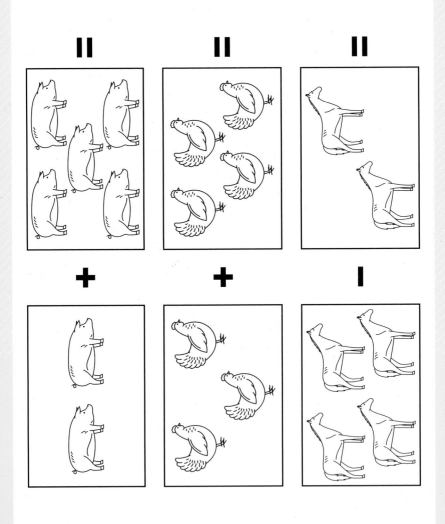

21 어떤 산이 제일 높을까요?

강의주제 어떤 산이 제일 높은지 알아본다.

학습목표 유명 산들을 그림으로 구경하며 산의 높이를 통해 수 인지를 향상시킨다.

도입 박장대소로 시작한다.

아이엠 그라운드 게임으로 산 이름을 댄다. 어르신들이(조별 또는 개인) 생각해서 말하도록 유도한다.

준비물 PPT, A4 용지, 학습지, 음악.

전개 1. 우리나라의 이름 있는 산을 본다.

2. 등산했던 기억을 더듬어 이야기해볼 수 있도록 유도한다.

2. 각 산의 높이를 알아본다.

3. A4 용지를 하나씩 드린다. PPT를 보며 알아볼 때 빈 용지에 산 이름과 높이를 적어둔다.

3. 가장 높은 산과 가장 낮은 산이 어떤 산인지 숫자를 보며 찾아낸다.

4. 산 높이의 숫자를 보며 큰 수, 작은 수 놀이를 한다("한라산보다 태백산" 하면 두 손을 펴서 아래로 아래로, "지리산보다 한라산" 하면 두 손을 펴서 위로 위로 등 강사는 미리 산 높이를 보고 준비해서 반복해서 할 수 있도록 한다. 반복하다가 어느 정도 인지가 되면 스피드로 난이도를 조절한다).

5. 학습지를 진행한다.

6. 〈쿵짝 인생〉 노래를 부르며 체조한다.

7. 박장대소를 하고 인사로 마친다.

어느 산이 더 높은가요? 높은 산에 동그라미를 그려주세요.

지리산 (1,915m)	한라산 (1,947m)	백두산 (2,750m)	무등산 (1,186m)	팔공산 (1,193m)
⋁⋀	⋁⋀	⋁⋀	⋁⋀	⋁⋀
팔공산 (1,193m)	무등산 (1,186m)	한라산 (1,947m)	지리산 (1,915m)	태백산 (1,566m)

22 그림 푸드아트 시장 보기

강의주제 그림 푸드아트를 위해 시장 놀이를 한다.

학습목표 시장 보기로 수 인지 기능 향상 및 그림 푸드아트로 정서 지원한다.

도입 〈시장에 가면〉 노래를 부른다.

> "시장에 가면 ○○도 있고."
>
> 돌아가면서 한 가지씩을 말해볼 수 있도록 기회를 준다. 대부분의 어르신들은 "시장에 가면 뭐가 있을까요?" 하면 "뭐든지 다 있지"라고 말한다. 강사가 생각해서 말할 수 있도록 질문을 좁혀 들어가며, 모든 어르신들이 참여할 수 있도록 유도한다. 어르신들이 많을 경우 그중 몇 가지를 강사가 선택해서 몇 차례 한다. 반복 후 거꾸로도 해볼 수 있다.

준비물 PPT, 푸드아트 재료 그림, 가위, 풀, 학습지, 음악.

전개
1. 시장 볼 목록을 말해본다.
2. 시장에 갔을 때 좋았던 이야기를 하도록 한다.
3. 시장에 가서 가장 잘 사 먹는 음식은 무엇인지 이야기해본다.
4. 물건마다 가격을 알아본다.
5. 두 가지 이상일 때 가격을 계산해본다.
6. 계산을 충분히 해보고 준비된 재료를 각각 오린다.
7. 가장 밑에 식빵을 놓고, 그 위에 다른 재료를 자르고, 찢어서 나의 웃는 얼굴 꾸미기를 한다.
8. 다 꾸민 다음에 발표한다(최근에 가장 웃을 수 있었던 일이 무엇이었는지).
9. 〈꽃나비 사랑〉을 부르며 율동한다.
10. 박장대소를 하고 인사로 마친다.

푸드아트를 위한
시장 보기

1,500원

1,200원

800원

1,300원

750원

2,500원

2,200원

1,500원

3,000원

1,500원	3,000원
4,500원	

1,500원	2,200원
3,700원	

1,200원	800원
2,000원	

1,300원	750원
2,050원	

2,500원	2,200원
4,700원	

1,500원	1,500원
3,000원	

3,000원	800원
3,800원	

1,300원	2,500원
3,800원	

(* PPT 작업 시 합계금액은 애니메이션 처리해서 합계를 계산하도록 기다렸다가 보여준다.)

PPT 19

PPT 20

(* 식빵은 A4 용지를 가로로 프린트해 1/2로 나눠서 한 사람이 하나씩 가진다.)

(* 푸드아트를 하지 않고 장보기와 계산하기를 한 후 학습지로 마무리할 수도 있다.)

가격을 적고 합계를 구하세요.

합계	원

원

원

원

원

원

원

3장

언어 인지 학습

23 겨울철 인기 음식

강의주제 겨울철 인기 음식을 알아본다.

학습목표 언어 인지, 시각 사고력을 활성화하고, 기능을 향상한다.

도입 고향의 봄(4박자 박수)을 부른다.

---

1. 오른손으로 내 손 네 손 두 번, 바꿔서 왼손으로 내 손 네 손 두 번 친다(옆 사람 손바닥을 늪혀서 친다).

2. 손바닥을 세워서 하나, 내 손뼉 둘, 네 손뼉 셋, 내 손뼉 넷, 네 손뼉 2회 반복한다(두 손을 세워서 양쪽으로 옆 사람과 친다).

충분히 반복 연습한 후 1번과 2번을 이어서 반복 연습하고, 〈고향의 봄〉을 부르며 4박자 박수를 친다.

준비물 PPT, 색종이, 풀, 반짝이 동그란 스티커(호박 만들기), 음악.

전개 1. 겨울철 식재료 사진을 보고 만들 수 있는 음식을 말해본다.

2. 식재료를 반복하며 음절별 박수와 함께 큰 소리로 기억해서 말하기를 한다.

3. 음식 사진을 보고 어떤 재료가 들어갔을지 생각해보고 말해본다.

4. 호박 종이접기를 한다.

5. 〈내 나이가 어때서〉 노래를 부르며 율동한다.

6. 박장대소를 하고 인사로 마친다.

참고자료(호박 접기)

호박 색깔은 여러 가지로 할 수 있다.

영상 참고 : 네이버TV 라라아트 영상 호박 접기

24 날씨 기호 알아보기

강의주제 ▷ 날씨 기호를 알아본다.

학습목표 ▷ 날씨 기호를 알게 되고, 학습을 통해 언어 인지 기능이 향상한다.

도입 ▷ 〈찔레꽃〉 노래 체조(4박자)를 한다.

---

1. 찔레꽃 붉게 피는 남쪽 나라 내 고향
   (오른손을 왼쪽 위로 8회 왔다 갔다 하고, 왼손을 오른쪽 위로 8회 왔다 갔다 한다.)

2. 언덕 위에 초가삼간 그립습니다.
   (오른손으로 왼팔 어깨에서 손까지, 다시 어깨까지 16박자. 다시 팔 바꿔서 16박자)

3. 자주 고름 입에 물고(앞에서 두 손을 돌리고 돌리고 좌우로)

4. 눈물 젖어(눈앞에 양손 왔다 갔다)

5. 이별가를 불러주던(두 손 위로 쭉 뻗어서 왔다 갔다)

6. 못 잊을 사람아(박수로 힘차게)

(**준비물**) PPT, 날씨 기호 그림, 기호 이름, 가위, 풀, 음악.

(**전개**) 1. 날씨 기호 PPT를 보며 날씨에 따른 기호를 익힌다(어느 정도 인지가 될 때까지 반복한다).

2. 글씨 없이 기호만 보고 알아맞히기를 한다(익혔던 순서대로 PPT 2).

3. 기호 나열을 섞어 순서를 바꾼 다음 이름 맞추기를 다시 한다(PPT 3).
   (2, 3은 PPT를 기호만 보이게 하고 글씨는 애니메이션 처리한다.)

4. 흥미 유발을 위해 다양한 구름 사진을 보여준다.

5. 구름 이름 짓기를 해본다.

6. 날씨 기호 그림과 이름을 프린트해서 따로 자르기를 한다.

7. 강사가 기호를 보여주면 글씨를 찾아서 든다. 반대로도 한다.

8. 이름과 기호를 짝을 맞춰 앞뒤로 붙인다.

9. 학습지를 한다(기호 이름 써넣기).

10. 〈말랑말랑〉 노래와 율동을 한다.

11. 박장대소를 하고 인사로 마친다.

PPT 1-3

날씨에도 기호가 있어요

비	진눈깨비	소낙눈	눈	안개
소낙비	이슬비	우박	연무	황사

연무	황사	소낙비	이슬비	우박
눈	안개	비	진눈깨비	소낙눈

소낙비	황사	우박	눈	안개
소낙눈	이슬비	연무	진눈깨비	비

신기한 구름 구경

학습지

날씨 기호를 보고, 날씨를 적어 주세요.

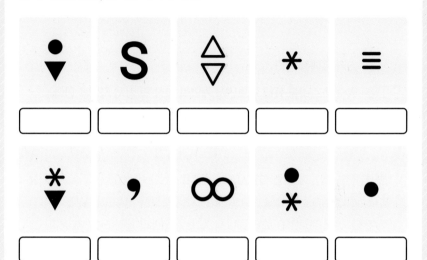

참고자료 (날씨 기호 카드)

(* 강사는 미리 카드를 만들어서 사용하면 좋다.)

25 여러 가지 소리 흉내 내기

강의주제 소리 흉내를 낸다.

학습목표 익숙한 소리를 흉내 내보면서 기억력 향상 및 정서 지원을 한다.

도입 칵테일 웃음을 해본다.

> 왼손을 잔을 들은 것처럼 하면서 오른손으로 따르는 시늉을 한다. 〈권주가〉를 부른다(안 될 때는 다른 말로 한다). 다 따른 다음에 각자 뭘 따랐는지 물어본다(소주, 맥주, 양주들이 나온다). 그러고 나서 "나는 여기에다 행복(건강, 사랑)을 따랐습니다"와 같은 스토리 텔링을 한다. 이후 두 손으로 잡고 벌컥벌컥 마신다. 잔을 탁탁 털고 웃음 시작!

준비물 쥐 만들기 세트(휴지 심, 가위, 풀, 쥐 그림), 음악.

전개 1. 생활 속에 익숙했던 소리를 기억해서 말해본다.

2. 그림을 보면서 그에 맞는 소리를 흉내 내본다.

3. 그림들에 맞는 기억을 이야기할 수 있도록 유도한다.
   (파도, 바람, 소나기, 계곡, 장작불 등에 얽힌 이야기)
   (기차 같은 경우에는 기차 여행 했던 일도 이야기해보고, 〈기찻길 옆 오막살이〉도 불러본다. 휘파람 소리는 휘파람을 불어본다.)

4. 강사를 따라 하다가 조별로 다른 소리를 내볼 수 있도록 제시한다.

5. 방귀 소리 같은 경우 남자와 여자가 다르게 소리 내본다.
   손등에 입을 대고 소리를 내본다.

6. 참새-짹짹, 고양이-야옹야옹, 오토바이-부릉부릉 등 게임을 해본다.

7. 쥐 만들기를 한다.

8. 〈딱 좋아〉 노래와 체조를 한다.

9. 박장대소를 하고 인사로 마친다.

PPT 1-10

참고자료(쥐 만들기)

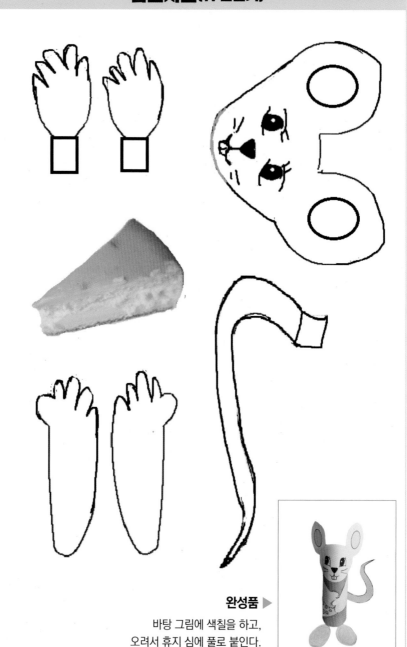

완성품 ▶

바탕 그림에 색칠을 하고,
오려서 휴지 심에 풀로 붙인다.

학습지

흉내 내던 소리를 적어보세요.

닭 소리 -

남자 방귀 소리 -

고양이 소리 -

여자 방귀 소리 -

아기 울음 소리 -

천둥번개 소리 -

호랑이 소리 -

오토바이 소리 -

쥐 소리 -

바람 소리 -

파도 소리 -

개구리 소리 -

기차 소리 -

참새 소리 -

김밥 싸는 날(골판지 공예)

강의주제 김밥 싸는 날을 기억해본다.

학습목표 김밥을 쌌던 날을 기억하며 스토리 텔링을 함으로써 정서 지원을 한다.

도입 여행 박수를 친다.

서울서울 짝짝. 부산부산 짝짝. 서울 짝. 부산 짝. 서울 부산 짝짝.

(몇 차례 반복 후 확장하려면 가운데 대전을 넣고 하고, 더 넣고 싶은 지역을 넣고 한다. 대상자들이 사는 지역을 넣을 수도 있다.)

준비물 골판지, 목공 풀, 가위, 작은 종이 접시, 음악.

전개 1. 김밥을 싸는 날은 무슨 날이었는지 이야기한다.

2. 소풍 가던 날의 기억을 되살려 스토리 텔링한다.

3. 김밥을 싸기 위해 무엇이 필요할지 이야기한다.

4. 김밥 싸는 순서를 박수로 해본다(펴고펴고 짝짝, 넣고넣고 짝짝, 말고말고 짝짝, 썰고썰고 짝짝 / 김밥을 싸는 순서를 말하며 박수를 만들어서 한다).

5. 김밥을 다 쌌는지, 누구랑 나눠 먹고 싶은지 질문한다(나 먼저 먹고 주고 하는 것을, "아싸아싸 먹고먹고 아싸아싸 주고주고" 하면서 놀기도 해본다).

6. 골판지로 김밥을 싼다(초록색, 노란색, 빨간색, 갈색, 검정색, 흰색 골판지를 너비 1cm로 자르기(이미 잘라 놓은 골판지를 이용해도 된다) / 먼저 속 재료를 말아서 붙여 놓기 / 흰색 골판지 안에 속 재료를 넣고 돌돌 말기 / 흰색은 다섯 바퀴 정도 말고 붙이기 / 검정색은 겉에 한 바퀴만 말아주기 / 한 사람 앞에 3개씩 싸서 작은 접시에 예쁘게 붙여주기).

7. 〈소풍 같은 인생〉 노래를 부르며 율동한다.

8. 박장대소를 하고 인사로 마친다.

김밥 싸는 날

소풍가는 날

김밥 싸기

김밥 싸기 박수

펴고 펴고 짝짝	펴고 짝	펴고
넣고 넣고 짝짝	넣고 짝	넣고
말고 말고 짝짝	말고 짝	말고
썰고 썰고 짝짝	썰고 짝	썰고
		짝짝짝짝

참고자료(김밥 골판지 공예)

27 가을의 소리(단풍잎으로 사람 꾸미기)

강의주제 ▶ 가을에 들리는 소리를 내본다.

학습목표 ▶ 의성어, 의태어를 구별할 수 있다.

도입 ▶ 곰 다리, 새 다리 손 유희, 천천히 반복, 좀 더 빠르게 해본다.

곰 다리는 몇 개일까요? 예, 맞습니다. 곰 다리는 4개지요. 손을 다 펴보세요. 예, 주먹을 쥐고 엄지만 펴줍니다. 곰은 뚱뚱하니까 엄지손가락으로 곰을 표현합니다. 먼저 엄지를 펴고 "곰 다리" 해주세요. 이번에는 바꿔서 엄지를 접고, 손가락 네 개를 펴줍니다. "네 개" 다음에는 새죠? 새는 다리가 몇 개일까요? 예, 두 개입니다. 그럼 새는 날씬하니까 주먹 쥐고 새끼손가락을 펴주면서 "새 다리" 해주세요. 다음에는 손가락을 다 접고 두 개만 펴줍니다. "두 개"라고 말합니다.

몇 차례 연습을 한 후 음률을 살짝 넣으면서 노래처럼 "곰 다리 네 개. 새 다리 두 개. 새 다리 두 개. 곰 다리 네 개. 곰다리 네 개, 새 다리 두 개 합이(새 다리처럼 한다) 여섯 (곰 다리처럼 한다) 개. (한 손은 손가락을 다 펴고 다른 한 손은 엄지만 편다. 반대로 한 번 더 "짠" 하면서 손을 바꿔서 여섯 개를 만들어 준다.) 몇 차례 반복 후 마지막에는 스피드를 내서 따라 하지 못하게 한다.

낙엽 도안, 동그라미 밑그림, 가위, 풀, 음악.

1. 먼저 가을에 들을 수 있는 소리를 몸짓과 같이 소리 내본다(낙엽 밟는 소리는 손바닥을 펴서 살며시 밟는 시늉을 하면서).

2. 어르신들이 생각해서 말해볼 수 있도록 하고 같이 해본다.

3. 가을에 대해서 스토리 텔링을 한다(도토리, 밤 줍는 일 등/어르신들 기억을 끌어낸다).

4. 낙엽 그림을 자르고 도안에 붙여 가을 사람을 낙엽으로 꾸며본다(활동력 있는 어린이들은 들로, 산으로 가서 낙엽을 주워와서 작품 활동을 한다. 그러나 어르신들은 낙엽을 주워 오는 것이 어려우므로 그림으로 한다).

5. 〈백세시대〉를 부르며 율동한다.

6. 박장대소를 하고 인사로 마친다.

가을의 소리

낙엽 밟는 소리?　낙엽 떨어지는 소리?

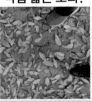

가을 바람소리

밤 떨어지는 소리

감 떨어지는 소리　땡감 홍시 떨어지는 소리

가을 비 내리는 소리

책 넘기는 소리

의성어 - 소리	의태어 - 모양
삐약 삐약, 꿀꿀, 멍멍 야옹 야옹, 음매, 꽥꽥 바스락, 타닥타닥, 지글지글, 달그락 달그락 째깍째깍, 졸졸, 쿨쿨, 아삭아삭, 덜커덩덜커덩	깡총깡총, 엉금엉금 꼬물꼬물, 느릿느릿 기웃기웃, 헐레벌떡 붉으락푸르락 들썩들썩, 방긋방긋 촐랑촐랑, 후다닥 갸우뚱, 끄떡끄떡

같이 따라 해보고, 이 외에도 생각나는 것이 있으면 말해보세요.

단풍잎으로 가을 사람을 꾸며 보세요.

단풍잎으로 가을 사람 꾸미기

참고자료(어르신들 작품)

28 여름철 몸에 좋은 건강 채소

강의주제 ▶ 건강 채소를 알아본다.

학습목표 ▶ 1. 여름철 건강 채소를 알 수 있다.
2. 건강 채소의 효능을 알 수 있다.

도입 ▶ 〈뱃노래〉를 부른다.

〈뱃노래〉 노랫말에 따라 움직이며, 음악을 크게 틀고 흥겹게 부른다.

준비물 PPT, 활동지, 가위, 풀, 음악.

전개 1. 여름철 몸에 좋은 건강 채소에 대해 알아본다.

2. 건강 채소 각각의 영양소, 효능에 대해 알아본다.

3. 김, 박 할머니와 황 할아버지의 몸에 증상을 알아본다("어르신 중에서도 이런 증상을 가진 분들이 계시지요?"라고 질문하고, "김 할머니와 같은 분? 박 할머니와 같은 분? 황 할아버지와 같은 분?" 하고 손을 들어보기도 한다).

4. 어르신들의 증상과 어울리는 채소를 말해본다.

5. 강사가 채소를 말하면 어디에 좋은지를 말한다(PPT 참조).
(오이 = 열 내려. 더위 이겨. / 상추 = 잠 잘 오고 소화 잘돼. / 옥수수 = 화장실 잘 가고, 기력 회복.) 게임 형식으로 반복해서 진행한다. 이것을 어르신들, 즉 김, 박, 황 어르신으로 바꿔서도 해본다.

6. 활동지를 한다(PPT 12번 그림에 채소 그림을 잘라서 대상자에게 맞게 붙여준다).

7. 〈뱃노래〉를 다시 한다.

8. 박장대소를 하고 인사로 마친다.

PPT 1-12

여름철 몸에 좋은 건강 채소

오이

95% 수분, 더위를 식혀줌
이뇨작용 돕는 칼륨이 풍부해 숙취에 좋음
다른 식재료의 비타민C를 파괴하는 효소
– 살짝 볶거나 식초를 묻혀주면 좋음

옥수수

식이섬유가 배변 활동을 도와줌
비타민 B1이 풍부, 더위 먹는 것을 예방
삶는 것보다 찌는 것이 좋음

도라지

사포닌 성분이 기력 회복을 도움
(껍질에 가장 풍부)
쌀뜨물에 담가두면 쓴맛이 줄어듦

감자

비타민 C, 칼륨 풍부
껍질째 삶거나 구워야
맛과 영양을 온전히 보존

고구마

비타민 A,B,C,E,식이섬유 풍부
전자레인지로 익히면 단맛이 적어짐

상추

식욕을 돋우는 효과
[동의보감] 오장의 기운을
고르게 해 머리를 맑게 함
신경안정, 숙면에 도움

가지

몸속 열을 내리고 통증을 가라앉힘
수분, 칼륨, 비타민 E 풍부
들기름에 굽거나 튀겨 먹으면 좋음

열무

더위를 없애주는 음식
수분 보충, 비타민 C, 미네랄 풍부
면역력과 에너지 강화

토마토

소화가 잘됨
껍질에 영양소가 많음
올리브 오일 같은 기름에 조리해 먹으면
흡수율을 높일 수 있음

잠 잘 오고
소화 잘됨
상추
토마토
감자

화장실 잘 가고
기력 회복
옥수수
고구마
도라지

열 내리고
더위 이김
열무
가지
오이

잠이 잘 안 오고
소화가 잘안되어
속이 더부룩함

화장실을 못가고
기력이 없음

몸에 열이 많아
더위를 많이 탐

(* PPT 12번을 학습지로 프린트해서 간다.)

학습지

잘라서 붙일 채소 그림

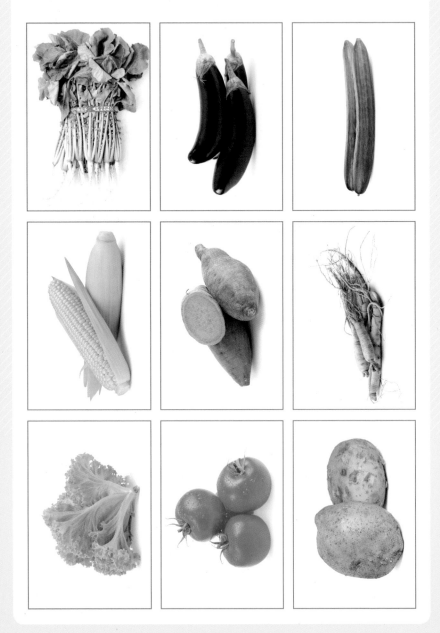

29 우리 돈 알아보고 지갑 만들기

강의주제 우리 돈을 자세히 알아본다.

학습목표 1. 우리 돈에 인물(사물)의 이름을 알고 기억할 수 있다.
2. 가짜 화폐와 지갑을 만드는 활동을 통해 정서 지원을 한다.

도입 웃음 치료를 한다.

양손을 앞으로 위로 옆으로, 얍 얍 구령 소리와 함께 장풍 쏘는 시늉을 하며 뻗어 준다. 다음에는 하하 웃음소리로 바꿔서 한다. 반복 후 주변에 떠다니는 좋은 기운들을 끌어오는 시늉을 한다. 좋은 기운들을 내 것으로 많이 끌어온 후 기분 좋게 웃어준다.

(준비물) PPT, 활동지(가짜 돈, 지갑 만들 색지), 가위, 풀, 음악.

(전개) 1. 화폐 속 인물(사물)의 그림을 보고 이름을 외쳐본다.

2. 인물(사물)의 이름과 맞는 화폐를 맞춰본다.

3. 1, 2번을 반복 후 PPT 17-24를 먼저 글씨를 제시하고, 지폐에 있는 인물을 말한다. 다음에는 지폐를 보여주고 글씨 말하기를 한다.

4. 기억할 수 있도록 반복 학습 후 돈, 지갑 만들기를 한다.
   가짜 지폐에 금액(50,000, 10,000 등)을 쓴 다음 자른다.

5. 지폐의 규격이 다른 것을 재어 본다(가짜 지폐를 실제 규격과 같이 준비한다).
   (지폐 규격 : 천 원권 – 136×68mm, 오천 원권 – 142×68mm, 만 원권 – 148×68mm, 오만 원권 – 154×68mm)

6. A4 색지를 접어서 지갑을 만든다(네이버 TV 라온 상자, '쉬운 종이접기 지갑 접기'를 참고한다).

7. 만든 돈을 지갑에 넣는다.

8. 〈대박 났네〉(김태곤) 노래를 부르며 율동한다.

9. 박장대소를 하고 인사로 마친다.

PPT 1-8

우리나라 돈	 신사임당
 신사임당 • 율곡 이이 어머니 • 예술에 뛰어난 재능 • 풀벌레 그림을 보고 새들이 몰려옴.	 세종대왕
 **세종대왕** • 훈민정음 창제 • 집현전을 통한 인재 양성, 책 편찬 • 농업, 과학 기술의 발전	 율곡 이이
 **율곡 이이** • 신사임당 셋째 아들 • 13살에 과거 시험 합격 • 35살 많은 퇴계 이황과 학문 토론	 퇴계 이황

퇴계 이황

- 경북 안동 출생
- 12살에 《논어》 익힘
- 이황의 책이 일본으로 건너가 일본 학문 발전에 큰 영향을 줌

학

학

- 길조
- 신선과 관련 있는 새
- 30년~86년

이순신

이순신

- 거북선
- 《난중일기》
- 내 죽음을 적에게 알리지 말라!

벼

다보탑

- 불국사
- 신라 경덕왕

다보탑

 **율곡 이이**	 **이순신**
 **퇴계 이황**	 **다보탑**
 **신사임당**	 **학**
 **세종대왕**	 **벼**

학습지

학습용 돈을 가위로 오리고, A4 색지로 지갑을 만들어보세요.

앞/겉	뒤/안	접기

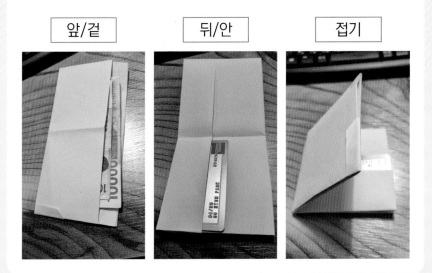

30 좋은 말하기(북아트)

강의주제 ▷ 좋은 말을 한다.

학습목표 ▷ 1. 좋은 말을 많이 하면서 좋은 마음을 만든다.
2. 긍정적인 정신을 만든다.

도입 ▷ 〈웃을 때는〉 손 유희를 한다.

웃을 때는 웃을 때는(양손을 펴서 턱 밑에 댄다.) 입꼬리 올리고(엄지와 검지를 입꼬리에 대고 위로 올려주는 시늉을 한다.) 즐겁게 하하 신나게 하하(양 손바닥을 펴고 안으로 안으로, 밖으로 밖으로 돌려준다.) 행복해 행복해(팔짱을 끼고 거만하게 행복해서 자랑스러운 표정으로 양 어깨를 오른쪽 한 번, 왼쪽 한 번 올렸다 내린다.)

화날 때는 화날 때는(두 주먹을 양쪽 볼을 두드리며) 멈추고(두 손을 앞으로 나란히 손바닥을 펴고 잠시 있는다.) 하나둘셋넷 하나둘셋넷(손가락으로 반복해서 세어준다.) 참아요 참아요(팔짱을 끼고 눈을 내리깔고 고개를 양쪽으로 한 번씩 떨구며).

(준비물) 색지, 좋은 말 그림, 가위, 풀, 음악

(전개) 1. (PPT 없이도 무방하다.) '말이 씨가 된다. 말 한마디로 천 냥 빚을 갚는다' 등 말의 중요성에 대해서 스토리 텔링을 한다.

2. 미, 인, 대, 칭, 비, 비, 불 약자를 따라 해본다.

3. 약자의 의미가 무엇인지 새겨본다.

4. 미, 용, 감, 사 약자를 따라 해본다.

5. 약자 하나하나 전체로 말해본다.

6. 말이 씨가 된다고 했음을 다시 상기하고, 좋은 말에는 어떤 것들이 있는
   지 해본다. 듣고 싶은 말은 무엇인지 물어보기도 한다.

7. 좋은 말 책 만들기 활동 – 색지를 접어서 책을 만든 다음 책장마다 프린
   트한 좋은 말 8가지를 오려서 붙인다.

8. 〈인생팁〉 노래와 율동을 한다.

9. 박장대소를 하고 인사로 마친다.

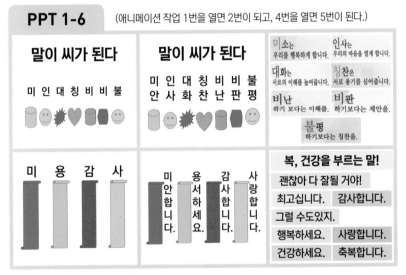

(* A4 용지에 아래와 같은 그림을 넣고 프린트해 책에 붙인다.)

출처 : 저자 작성, 미리캔버스

학습지

다음 순서대로 책을 만들어보세요.

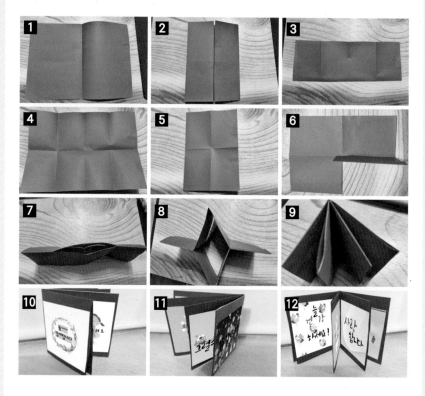

1 A4 색지를 세로로 접기.

2 대문 접기.

3 펴서 가로로 접기.

4 가로 세로로 접었다가 펴기.

5 다시 세로 반 접기.

6 막혀 있는 쪽 반 칼집 내기.

7 칼집 내서 가로로 세우기.

8 선이 있는 대로 접어주기.

9 선대로 접어주면 책이 만들어진다.

10 좋은 말 그림을 잘라서 8쪽 다 붙여준
다(앞모습).

11 (뒷모습).

12 (가운데 펼친 모습).

13 책을 펼치면서 다 같이 한 번 읽는 시
간을 가진다.

31 자음, 모음 글자 만들기

강의주제 자음, 모음 글자 글자를 만들어본다.

학습목표 1. 글자를 만들어보며 자음, 모음을 익힌다.
2. 글자 놀이를 통해서 언어 인지 기능을 활성화한다.

도입 〈가나다라마바사〉(송창식) 노래를 부른다.

혹시 노래를 모르시는 어르신들을 위해 먼저 한 소절씩 따라 부르기를 하고, 반복해서 익힌 다음에 음악을 크게 틀고 부른다.

준비물 자음, 모음 카드(카드가 없어도 활동을 할 수 있다), PPT, 학습지, 음악.

전개 1. 자음을 다 같이 큰 소리로 외쳐본다.

2. 모음을 다 같이 외쳐본다.

3. 자음을 순서대로 놓아본다(카드가 있을 경우).

4. 모음 카드를 놓아본다.

5. 강사가 말하는 카드를 찾아본다.

6. 자음, 모음 카드로 글자를 만들어본다(카드가 없을 경우 자음, 모음으로 만들어진 단어들을 찾아보기 등 다른 방법으로 해볼 수 있다. / 어린이 노래 〈가나다라마바사〉노래를 들어보고 해도 좋다. 강사는 미리 익힌다. 가로 만들어진 단어, 나로 만들어진 단어 등 글자마다 단어를 찾아본다).

7. 학습지를 한다.

8. 송창식의 〈가나다라마바사〉를 다시 부른 뒤 박장대소를 하고 인사로 마친다.

PPT 1-8

(* PPT 7번은 6번을 열었을 때(애니메이션) 보이는 슬라이드다.)

PPT 9-16

이름을 써보세요.

참고자료(글자 카드)

(* 골판지를 잘라서 자음, 모음을 붙여준다.)

32 무슨 날일까요?

강의주제 좋은 말을 한다.

학습목표 국경일 및 공휴일의 의미를 알아보고 연관된 단어들을 따라 해보며 언어 인지 기능을 향상한다.

도입 〈시계바늘〉 노래를 율동과 같이 한다.

〈시계바늘〉 실버 체조를 검색해서 익히길 추천한다.

준비물 PPT, 학습지, 음악.

전개 1. 우리가 알고 있는 공휴일에는 어떤 것들이 있는지 말해본다.

2. 국경일과 공휴일에 대해서 알아본다.

3. 기념일마다 가지고 있는 의미를 새겨본다.

4. 연관된 단어들을 따라 하고 말해본다.

5. 기념일에 추억되는 이야기들을 해본다.

5. 학습지에 무슨 날인지 내용을 보고 답을 쓴다.

6. 〈시계바늘〉 노래를 부르며 율동한다.

7. 박장대소를 하고 인사로 마친다.

PPT 1-2

무슨 날일까요?	국경일	공휴일
	삼일절(3월 1일) 제헌절(7월 17일) 광복절(8월 15일) 개천절(10월 3일) 한글날(10월 9일)	일요일 국경일(제헌절은 X) 1월 1일 부처님 오신 날 어린이날, 현충일 크리스마스 설날, 추석

PPT 3-10

무슨 날일까요?	**삼일절** 1919년 3월 1일에 한민족이 일본의 식민통치에 항거해 한국의 독립 의사를 세계 만방에 알린 날을 기념하는 날.
무슨 날일까요?	**제헌절** 1948년 7월 17일 대한민국 헌법 공포를 기념하는 날.
무슨 날일까요?	**광복절** 1945년 8월 15일 우리나라가 일본으로부터 광복된 것을 기념하고, 대한민국 정부 수립을 경축하는 날.
무슨 날일까요?	**한글날** 1443년 창제된 훈민정음, 곧 오늘의 한글을 세상에 펴낸 것을 기념하고, 우리 글자 한글의 우수성을 기리기 위한 날.

무슨 날일까요?	**개천절** 서기전 2333년(戊辰年) 단군이 최초의 민족국가인 단군조선을 건국했음을 기리는 뜻으로 제정된 날.
무슨 날일까요?	**설날** 한 해의 시작인 음력 1월 1일을 일컫는 말로 우리나라의 명절.
무슨 날일까요?	**추석** 음력 팔월 보름을 일컫는 말. 가을의 한가운데 달이며, 또한 팔월의 한가운데 날이라는 뜻을 지니고 있는 연중 으뜸 명절.
무슨 날일까요?	**현충일** 6월 6일이며, 국토방위에 목숨을 바친 이의 충성을 기념하는 날.

무슨 날인지 옆의 힌트를 보고 적어 주세요.

1948년 7월 17일 헌법	훈민정음 / 세종대왕	최초의 단군조선 건국	1945년 8월 15일 해방	1919년 3월 1일 유관순
↑	↑	↑	↑	↑

33 여름 곤충(매미 접기)

강의주제 여름 곤충 매미를 종이접기 해본다.

학습목표 여름 곤충에 대해 학습하며 기억력, 집중력을 활성화하고, 매미를 만들면서 소근육 강화를 기대한다.

도입 지시 가위바위보 놀이를 한다.

처음에는 가위바위보를 몇 차례 해본 후 "이제부터는 강사가 말하는 것을 하기예요"라고 이야기한다. 강사는 무엇을 내겠다고 말한 뒤 이기기, 비기기, 지기 등을 지시해서 그 지시대로 한 사람이 이기는 것이다. 져야 이기는 것을 가장 나중에 하고, 사람의 본능이 이기고자 하는 욕구가 있으므로 지는 것이 더 어렵다는 것을 말한다.

준비물 PPT, 색종이, 바탕 그림, 풀, 음악.

전개 1. 기억을 더듬어 여름에 있었던 이야기를 해본다.

2. 여름 곤충에는 어떤 종류가 있는지 아는 대로 말한다.

3. 곤충마다 특징을 알아본다.

4. 우리 생활에 해로운 곤충과 이로운 곤충을 알아본다.

5. '나는 누구일까요?' 곤충 퀴즈를 낸다.

6. 매미에 대해서 알아보고 매미 종이접기를 한다.

7. 다 접은 매미를 바탕 나무 그림에 붙여 준다.

8. 〈주인공은 나야 나〉 노래와 율동을 한다.

9. 박장대소를 하고 인사로 마친다.

나는 누구일까요?

1. 나는 나무에 붙어 살아요.
2. 나는 나무의 수액을 먹고 살아요.
3. 나는 암컷을 부르기 위해 소리를 내요.
4. 사람들은 나를 시끄러운 곤충이라 불러요.
5. 나의 이름은 2글자예요.

나는 누구일까요?

1. 나의 몸은 검정색이에요.
2. 머리에는 뾰족하고 멋진 뿔을 가지고 있어요.
3. 나무의 진이나 젤리, 과일즙을 먹는답니다.
4. 나의 이름은 '장'으로 시작하고 '이'로 끝나요.
5. 나의 이름은 5글자예요.

나는 누구일까요?

1. 나는 냄새나고 더러운 친구들을 좋아해요.
2. 나는 사람의 피를 빨아 먹고 살아요.
3. 나에게 물리면 가렵고 몸이 퉁퉁 붓기도 해요.
4. 무서운 전염병이나 말라리아에 걸릴 수 있어요.
5. 나의 이름은 2글자예요.

나는 누구일까요?

1. 물이 있고 깨끗한 곳에서 살아요.
2. 배 아래쪽에 불빛이 있어요.
3. 어두운 곳에서는 밝게 빛을 비춰주지요.
4. 날개가 있어서 날 수 있어요.
5. 나의 이름은 4글자예요.

나는 누구일까요?

1. 나는 들과 산에서 살아요.
2. 나는 진딧물을 먹고 살아요.
3. 빨간색 날개가 있어서 날 수 있어요.
4. 나의 날개에는 예쁜 점 무늬가 있어요.
5. 내 이름은 '무'로 시작하고 4글자예요.

나는 누구일까요?

1. 나는 냄새가 나고 더러운 곳을 좋아해요.
2. 투명한 날개를 가지고 있어 마음껏 날 수 있어요.
3. 나는 병을 옮기기도 해요.
4. 날아다닐 때 윙윙~ 소리를 내요.
5. 내 이름은 2글자예요.

우리에게 이로움을 주는 곤충은 무엇이 있을까요?

장수풍뎅이

나를 보고 사람들이 즐거워해요.

반딧불이

나는 어두운 곳을 밝게 비춰줘요.

무당벌레

**나는 진딧물을 잡아먹어
채소나 벼가 상하지 않게 해요.**

PPT 17-21

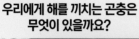

우리에게 해를 끼치는 곤충은
무엇이 있을까요?

매미

나는 시끄러운 소리를 내고,
나무의 수액을 빨아 먹어 나무가 말라요.

모기

나는 사람들의 피를 빨아 먹고,
병균을 옮겨 병에 걸리게 해요.

파리

나는 날아다니며 나쁜 병을 옮기고,
나무의 수액을 빨아 먹어 나무가 말라요.

이로운 곤충   해로운 곤충

참고자료(매미 접기)

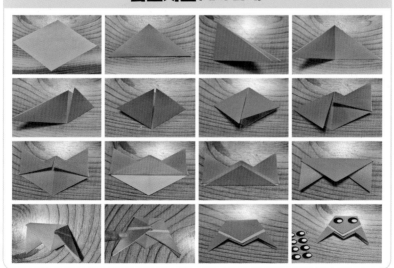

학습지

종이로 접은 매미를 붙이고, 색칠해보세요.

◀ **완성품**

눈을 붙여주기도 하고 색연필이나 사인펜으로 동그랗게 칠해주기도 한다. 시간이 남을 경우 바탕 그림 색칠하기를 한다.
가운데만 풀칠하고 매미를 붙일 때는 잠시 누르고 있어야 한다.

34 생선을 알아보고 굴비 엮기

강의주제 ▶ 생선의 종류를 알아보고 굴비를 엮는다.

학습목표 ▶ 1. 생선 이름을 알아내고 말하며 기억력과 언어기능을 활성화한다.
   2. 수업 후 굴비 엮기를 통해 정서 지원 및 소근육 강화 활동을 한다.

도입 ▶ 〈고기잡이〉 노래와 손 유희를 한다.

---

1. 고기를 잡으러 바다로 갈까요(오른쪽으로 걷기)

2. 고기를 잡으러 강으로 갈까요(왼쪽으로 걷기)

3. 이 병에(오른손으로 병을 잡은 듯 주먹을 쥐고 위로 넣는 동작)

4. 가득히(왼손으로 병을 잡은 듯 주먹을 쥐고 위로 넣는 동작)

5. 담아 가지고서(양손 주먹으로 옆 사람 주먹과 부딪히기)

6. 랄랄랄랄라 반복(손바닥 펴서 양옆 사람과 서로 부딪히기)

7. 온다야(내 손 박수 두 번 치고 위로 뻗으면서 "야" 소리치기)

준비물 ▶ 신문지, 굴비 기본 그림, 색연필, 가위, 음악.

전개 ▶ (PPT 없이 말을 많이 하고, 뇌 활동을 많이 할 수 있도록 생각해서 말하기를 유도한다.)

1. 바다 물고기 종류에 관해 이야기를 나눠본다.

2. 생선을 말해보고 몇 가지를 골라서 〈시장에 가면〉 노래를 '바다에 가면'으로 변형하고, 생선 이름 말하기를 반복하면서 기억력을 활성화할 수 있다.

3. 가정에서 즐겨 먹는 생선 종류에 관해 이야기를 나눠본다.

4. 생선의 맛과 요리법에 관해 이야기한다.

5. 굴비에 얽힌 이야기를 해본다.

6. 굴비 기본 그림을 색칠하고 자른다.

7. 신문지를 길게 잘라서 손으로 잡았다 폈다 부드럽게 만들어준다.

8. 새끼처럼 신문지를 끈으로 해서 굴비를 엮는다.

9. 〈섬 마을 선생님〉 노래와 체조를 한다.

10. 박장대소를 하고 인사로 마친다.

참고자료(굴비 엮을 끈 만들기)

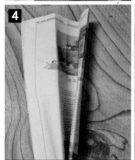

1 신문지 전면

2 세로 반 접기

3 2번을 반 접기

4 3번을 3등분 접기

5 잘라서 한 조각을 3등분 접기

6 손으로 조물조물해서 부드럽게 만든

다.

7 새끼처럼 굴비를 엮어 준다(어르신들이
더 잘하신다).

(* 대상자의 경우에 따라 신문지를 잘라 갈 수도 있
으나 작업을 직접 할 수 있게 하는 것이 좋다.)

◀ 완성품
실제 엮는 모습이다.

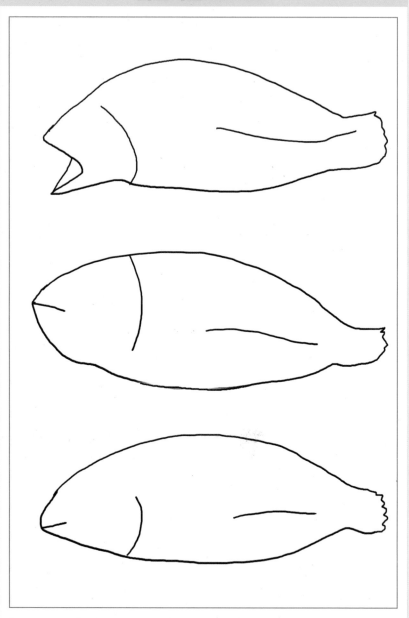

(* 굴비 기본 그림은 A4 180mm 두께의 용지에 프린트한다.)

35 우리나라 지도

강의주제 우리나라 지도를 배운다.

학습목표 1. 지도를 보며 지역 이름과 고장의 특성을 알아보고 말한다.
2. 뇌 인지 기능 활성화 및 언어 인지 능력 능력을 향상한다.

도입 〈팔도강산〉 노래를 부르고, 체조를 한다.

강사가 가장 잘하는 노래와 실버 체조로 마음 열기, 몸 풀기 시간을 가진다.

준비물 PPT, 지도 도안, 색종이(색연필), 가위, 풀, 음악.

전개 1. 내가 태어난 곳은 어딘지 고향의 추억을 기억하며 스토리 텔링한다.

2. 우리나라 지도를 보며 행정 도시 이름을 알아본다.

3. 시 이름과 도 이름들을 말해보며 기억한다.

4. 지역마다 특산물은 무엇이고, 유명한 것은 무엇인지 말해본다.

5. 지도 바탕 그림에 지역마다 다른 색종이를 찢어 붙인다.

6. 〈팔도강산〉 노래를 다시 부르고, 박장대소를 하고 인사로 마친다.

PPT 1-8

한반도 지도

대한민국

대한민국 행정구역

특별시 1개 - 서울
특별자치시 1개 - 세종
광역시 6개 - 인천,
대전, 대구, 부산,
광주, 울산
도 8개 - 경기도,
강원도
충청남·북도,
경상남·북도,
전라남·북도
특별자치도 1개 - 제주

우리나라 지도

서울특별시

경기도

인천광역시

강원도

충청북도

대전광역시

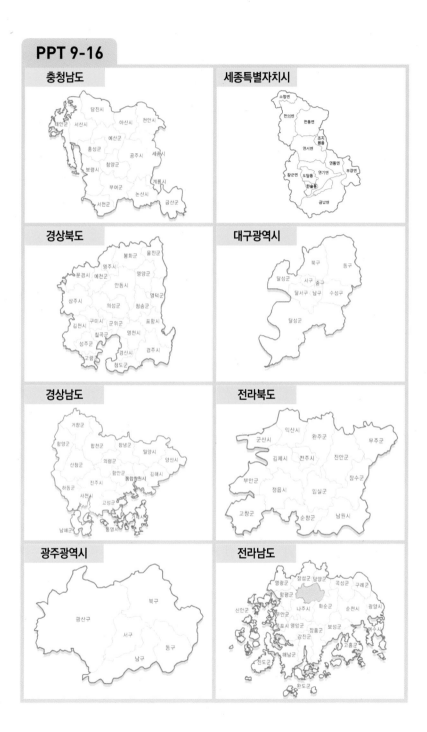

PPT 17-21

(* 상단 제목을 보이지 않게 해서 시·도별 그림을 보며 알아맞히기도 반복해서 해볼 수 있다.)

학습지

지역마다 다른 색종이를 찢어 붙여 보세요.

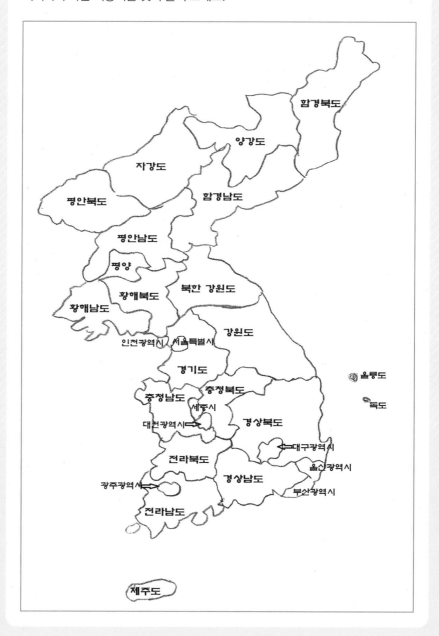

희로애락

강의주제 희로애락 표정을 만들어본다.

학습목표 1. 희로애락에 관련된 감정을 표현할 수 있다.

2. 감정표현을 통해서 얼굴 근육 운동의 효과가 있다.

도입 컵을 두드리며 〈아리랑〉을 부른다.

컵타는 3박자 동작을 만들면 된다. 예를 들면 컵을 양손에 들고 엉덩이(컵의 밑면 부딪히기) 한 번 / 옆구리(컵의 옆면 부딪히기) 한 번 / 뽀뽀(컵의 윗면 부딪히기) 한 번을 한다. 이 동작은 테이블이 없이도 할 수가 있다. 컵타 시간이 아니라 도입에 스팟으로 사용하는 것은 이렇게 간단하게 할 수 있다.

준비물 컵(플라스틱), PPT, 학습지, 가위, 풀, 음악.

전개 (말을 많이 하고, 뇌 활동을 많이 할 수 있도록 생각해서 말하기를 유도한다.)

1. 희로애락의 의미를 이야기한다. 근래에 가장 기뻤던 일은 무엇이며, 가장 화났던 일은 무엇이었는지 스토리 텔링 시간을 갖는다.

2. 그림을 보며 소리대로 웃어본다.

3. 표정마다 소리를 흉내 내며 실제 표정을 만들어본다.

4. 충분히 웃고 표정 연기를 해본 후 학습지 기본 그림을 보고, 나머지 동그라미에 같은 표정을 그린다.

5. 웃는 표정 5가지를 오려서 맞는 자리에 붙여 준다.

6. 〈서울 구경〉 노래를 부른 뒤 박장대소를 하고 인사로 마친다.

희로애락
喜怒哀樂
기쁠 성낼 슬플 즐길

喜 희
기쁠

하

히 후 헤 호

하

히

후

헤

호

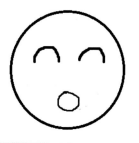

怒 노
성낼 (로)

씩씩

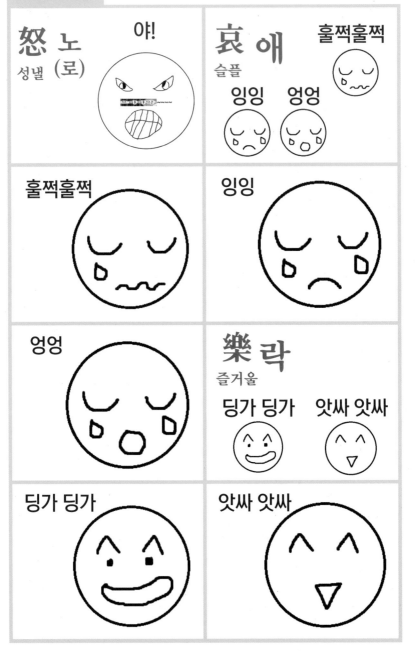

학습지

표정을 따라 그려 주세요.

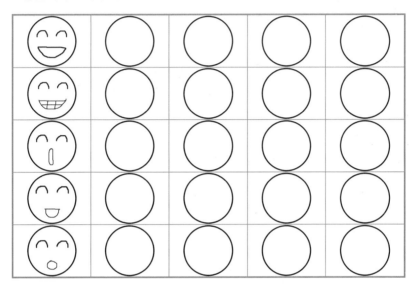

위의 표정을 오려서 붙여 주세요.

하	히	후	헤	호
호	히	하	헤	후
헤	히	후	호	하
후	히	하	헤	호
하	히	후	헤	호

37 해바라기 만들기(클레이 공예)

강의주제 꽃 이름을 알아보고 해바라기를 만든다.

학습목표 1. 꽃 이름을 생각하며 기억력을 되살린다.

2. 새로운 재료(클레이)의 감각과 작품을 완성한 성취감을 통해 정서 지원을 한다.

도입 손가락 운동 및 스트레칭으로 몸 풀기를 한다.

손가락을 잡아당기면서 손 마사지를 해준다. 위로 기지개 켜기, 좌우로 목 돌려주기, 좌우로 허리 굽혀 펴기, 온몸 털기, 숨 고르기를 한다.

준비물 클레이(색깔별로 개인별 분량을 준비한다), 하드보드지 미리 잘라 두기, A4 용지, 펜, 음악.

전개 (PPT 없이 수업한다.)

1. 좋아하는 꽃 발표 및 꽃을 받아본 기억, 꽃밭 가꾼 이야기를 스토리 텔링한다.

2. 아이엠 그라운드 꽃 이름 말하기 게임을 한다.

3. 계절별 피는 꽃 이름을 말해본다(강사는 미리 계절별 꽃 이름을 파악해서 간다).

4. 팀별로 A4 용지를 각자 나눠주고 계절별 꽃 이름을 적는다(적게 적은 팀이 많이 적은 팀에게 박수 쳐주기 아니면 반대로 해도 된다. – 대상자에 따라 생략할 수도 있다).

5. 해바라기 만들기를 한다고 안내한 뒤 준비한 클레이를 나눠 준다(만들기 전에 클레이를 조물조물해본다).

6. 해바라기를 만들어 하드보드지에 붙인다.

7. 〈꽃물〉 노래와 율동을 한다,

8. 박장대소를 하고 인사로 마친다.

참고자료(해바라기 클레이)

(* 사진을 프린트하든지, 강사가 먼저 샘플을 하나 만들어가서 보여준다.)

4장

필요에 따라
골라 쓰기

38 정월대보름

정월대보름

강의주제 정월대보름에 대해 다시 기억해본다.

학습목표 1. 정월대보름을 어떻게 지냈었는지 기억하며, 회상학습으로 인한 정서 지원을 한다.

2. 사후 활동을 통해 긍정적 사고를 유발한다.

도입 〈추추차차〉 노래하며 노랫말을 흉내 낸다.

〈추추차차〉 율동 영상을 찾아보고 미리 준비한다.

준비물 PPT, 학습 후 활동지, 음악.

전개 1. 정월대보름에 했던 놀이를 알아본다.

2. 정월대보름에 먹는 음식에 대해 알아본다.

3. 오곡밥에 들어가는 곡식과 나물의 영양소와 효능을 알아본다.

4. 정월대보름에 해서 좋은 것과 하면 나쁜 것을 알아본다.

5. 활동지 x 자리에 나에게서 내버리고 싶은 것을 적는다.

6. 버리고 싶은 목록을 들고 발표한다.

7. 버리고 싶은 것들을 잘게 찢어준다(강사는 찢은 활동지를 다 거둔다. 나쁜 것들이 사라진 것을 강조하며, 좋은 것들만 남아 있음을 즐거워하는 액션을 취한다).

8. 〈강원도 아리랑〉을 부르며 체조한다.

9. 박장대소를 하고 인사로 마친다.

PPT 1-8

정월대보름	부럼 깨물기
	날밤 잣 호두 은행 땅콩

오곡밥

찹쌀   콩   수수
팥   차조

팥

칼륨이 많다.
부기를 빼준다.
노폐물을 배출한다.

콩

비타민, 철분, 단백질
당뇨 예방(치료)/두뇌 영양 공급
심장병, 고혈압 위험을 낮춘다.

차조

이뇨작용-소변 배출을 돕는다.
쌀의 영양 보충-무기질을 제공한다.
빈혈과 당뇨에 좋다.

수수

방광의 면역기능
노화 예방/장 보호

찹쌀

소화기관의 부담을 줄여준다.
노약자 음식 섭취에 도움을 준다.

나물

박　순무　오이꼭지　취나물
버섯　무잎　가지껍질
고추나물　삿갓나물　시래기
콩나물　호박잎　숙주나물

정월대보름
금기사항 12가지

1. 찬물 마시지 않기

여름에 더위를 먹고
일할 때마다 소나기가
온다고 믿음.

2. 김치 먹지 않기

김치를 먹으면 온몸에 피부병이
나고 백김치를 먹으면 머리가
하얘진다고 여김.

3. 비린 것 먹지 않기

생선과 같은 비린 것을 먹으면
여름에 파리가 들끓고 부스럼이
생긴다고 믿음.

4. 비벼 먹지 않기

보름밥을 나물과 비벼 먹으면
논밭에 잡초가 무성해진다고 생각.

5. 칼질하지 않기

칼을 사용하면 한 해의 복이
잘리고 곡식도 잘린다고 여김.
칼질하다 손 베이면
1년 동안 낫지 않는다고 여겨
음식 재료는 대보름 전날 밤에 손질.

6. 숟가락 쓰지 않기

숟가락으로 밥을 먹으면
공동으로 김을 맬 때
넓은 밭을 맡게 된다고
젓가락으로만 밥을 먹음.

7. 남의 집에 가지 않기

키 작은 사람,
어린이가 방문하면
농작물이 잘 자라지
않는다고 여겨
출입금지.

반대로 키 큰 사람은 초대해 대접.

8. 마당 쓸지 않기

오전에 마당을 쓸면
한 해의 복도
쓸려나간다고 여겨
꼭 필요하면
해가 중천에
뜬 다음에 쓸기.

9. 빗질하지 않기

마당을 쓰는 것처럼 빗질도
복을 쓸어낸다고 여김.

10. 빨래하지 않기

빨래를 널면 논에서 황새가 놀고
병충해로 벼가 하얗게 변해 농사를
망친다고 생각.

11. 맨발로 걷지 않기

맨발로 걸으면 무좀이 생기거나
발이 트고 짐승에 물리거나
농사철 가시가 박힌다고 여김.

12. 개에게 밥 주지 않기

밥을 주면 개가 여름 내내 잠을 자고
파리가 꼬일 것이라고 여김.

날밤	찹쌀	박 무잎
은행	콩	콩나물
땅콩	수수	버섯 취나물
호두	차조	오이꼭지
잣	팥	가지껍질
		삿갓나물
		숙주나물

나쁘다고 생각하는 것을 엑스 표시 밑에 적어보세요.

39 추석(제기 만들기)

강의주제 추석놀이를 떠올려보고 제기를 만든다.

학습목표 1. 옛 놀이를 기억해보며 회상학습의 효과를 본다.
2. 제기 만들기를 통해 실행 기능력을 활성화한다.

도입 1. 노란 고무줄로 손가락 운동을 해본다.
2. 〈달타령〉을 부른다.

> 양 손가락에 고무줄을 걸고, 엄지에서 검지로, 검지에서 중지로, 중지에서 약지로, 약지에서 소지로 옮긴다. 반대로 소지에서 엄지까지 옮기기를 반복해서 한다. 엄지에서 검지, 약지, 소지를 차례대로 손가락을 천천히 폈다 오므리기를 반복해서 손가락 근력 운동을 해본다.

준비물 노란 고무줄, 병뚜껑, 한지, 가위, 접시, 음악.

전개 1. 추석 명절 풍경에 대해 스토리 텔링한다(놀이 및 음식 문화 등).

2. 한가위 보름달을 보고 소원을 빈다(손을 동그랗게 달 모양을 하기).

3. 앞 또는 옆 사람 소원이 뭔지 물어보고 서로 빌어준다.

4. 한지에 병뚜껑을 넣고 제기를 만든다.

5. 접시를 이용해 제기 던지기를 해본다.

6. 서로 주고받기도 해본다. 높이 던지기도 해본다. 조별로 시합도 해볼 수 있다.

7. 〈달 타령〉 노래를 부르며 율동한다.

8. 박장대소를 하고 인사로 마친다.

참고자료 (제기 만들기)

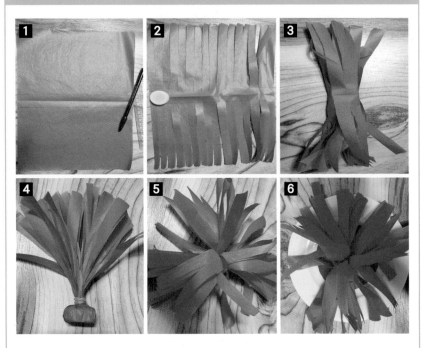

1 A4 사이즈 한지 4장을 겹쳐 가로로 놓고, 가장 위에 있는 한지 중앙에 3cm 높이로 위아래 두 줄을 그어둔다.

2 중앙 두 줄을 두고 양쪽에서 1cm 간격으로 잘라준다.

3 중앙에 자르지 않은 부분에 병뚜껑을 넣고 말아준다.

4 양쪽을 중앙으로 접어 병뚜껑 쪽을 고무줄로 묶어 준다.

5 모양을 잡아준다.

6 접시를 이용해 제기 던지기를 해본다.

40 설(주사위, 윷놀이)

강의주제 설날을 떠올리며 주사위 윷놀이를 한다.

학습목표 1. 설날 풍경을 회상하며 정서 지원을 한다.
2. 윷놀이를 통해서 뇌 인지 기능 훈련을 한다.

도입 4박자 박수 연습 후 〈까치 까치 설날〉 불러보기.

책상을 두 번 치고, 손뼉을 두 번 친다. 오른손과 왼손을 번갈아 친다(책상이 없는 경우 무릎을 친다).

준비물 주사위, 말판, 말, 시상품, 음악.

전개 1. 설날 풍경에 대해 스토리 텔링한다.

2. 기억에 남는 설날 에피소드를 이야기한다.

3. 설날 먹는 음식과 지역마다 다른 음식, 풍습을 말해본다.

4. 가장 받고 싶은 선물이 무엇인지, 받기 싫은 선물은 무엇인지 이야기해본다.

5. 팀을 정한 후 주사위 던지기를 해서 윷놀이를 한다.

6. 상황에 따라 3판 2승으로 하고, 이긴 사람이 나와서 팀별 대항도 해본다. 최우수 팀을 시상한다(선물은 처음에는 이긴 팀만 주고, 마지막에는 다 같이 나눠 드실 수 있는 가벼운 것으로 준비한다).

7. 〈태평가〉를 부르며 체조한다.

8. 박장대소를 하고 인사로 마친다.

참고자료(주사위, 말판)

1 도
2 개
3 걸
4 윷
5 모
6 뒷도

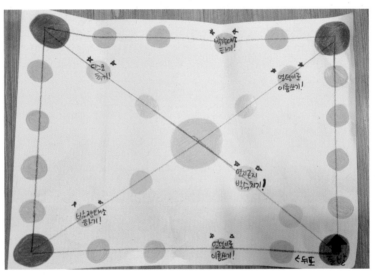

1 주사위는 대상자 수에 따라 준비한다. 감촉이 좋은 스펀지 형태다.

2 말판은 중간중간 디스코 추기, 연지곤지 박수 치기 등을 넣는다.

3 강사 재량으로 재미있게 진행한다.

41 어버이날(카네이션 만들기)

강의주제 카네이션을 만든다.

학습목표 가족 간의 사랑을 생각하며 만드는 카네이션을 통해 뇌 인지 훈련 및 소근육을 강화한다.

도입 〈어버이 은혜〉 노래를 부른다.

〈어버이 은혜〉는 손뼉을 치거나 율동하지 않는다. 조용히 두 손을 잡고, 서로의 표정을 보며 부른다.

(**준비물**) 한지, 가위, 풀, 밑그림, 음악.

(**전개**) 1. 예전에 어버이날에는 어떻게 했는지 기억해본다.

2. 어머니날에서 어버이날로 바뀌기까지 문화의 변화에 관해 이야기한다.

3. 어버이날에 자녀들과 좋았던 이야기, 서운했던 이야기를 해본다(대상자에 따라 강사는 민감하게 살펴야 한다).

4. 카네이션을 만든다.

5. 〈당신이 최고야〉 노래를 부르며 율동한다.

6. 박장대소를 하고 인사로 마친다.

1 8절 색 습자지를 가로로 펴놓는다.

2 가로로 펴 놓은 것을 세로 3등분으로 접는다.

3 다시 절반을 접는다(12등분이 됨).

4 약간 두꺼운(180mm) 종이를 지름 10cm 정도 원으로 오려준다.

5 4번의 원으로 오려둔 종이를 3번 위에 놓고 원을 그린다.

6 습자지를 동그랗게 자른다.

7 한 장씩 조물조물 구긴다.

8 동그란 받침 중앙에 풀칠을 한다(작게 칠할 것).

9 계속 정중앙에만 풀을 찍어주고 12장을 붙여준다.

10 가장 가운데 꽃잎부터 구긴다.

11 차례대로 12장을 바짝 구긴다.

12 가장 바깥 꽃잎부터 펴주고, 가운데로 들어갈수록 살짝만 펴주면서 모양을 잡는다.

13 초록잎을 오려 붙이고, 바탕 그림에 붙여 준다.

14 집에 가져가서 벽에 붙여 둘 수 있도록 카네이션 두 개를 바탕 그림에 붙인다.

(* 핑킹 가위로 자르면 꽃잎이 더 섬세하게 카네이션 모양을 갖춘다. 하지만 어르신들이 하기에 어려움이 있다면 일반 가위를 쓴다.)

42 태극기 미니 퍼즐

강의주제 ▶ 태극기 퍼즐을 만든다.

학습목표 ▶ 1. 세계 인구를 파악하고 태극기에 대해서 자세히 안다.

2. 뇌 인지 기능을 활성화한다.

도입 ▶ 〈애국가〉를 1절부터 4절까지 부른다.

〈애국가〉를 4절까지 아는 분은 많지 않다. 가사를 준비해 의미를 새기며 불러본다. 2절부터는 어르신들의 뇌 인지 훈련에도 도움이 된다. 어르신들이 오래전에 알고 있던 가사가 솔솔 나올 것이다.

준비물) PPT, 미니 퍼즐 판, 굵은 사인펜, 음악.

전개) 1. 아는 나라 이름을 말해본다.

2. 자료를 보면서 세계 인구와 우리나라 인구를 안다.

3. 세계 지도를 구경하면서 각 나라들을 알아본다.

4. 각 나라 국기를 보면서 특징을 알아본다.

5. 태극기에 대해서 자세히 알아본다.

6. "원숭이 엉덩이는 빨개. 빨가면 사과. 사과는 맛있어. 맛있으면 바나나. 바나나는 길어. 길면 기차. 기차는 빨라. 빠르면 비행기. 비행기는 높아. 높으면 백두산. 백두산 뻗어내려 반도 삼천리. 무궁화 이 강산에 역사 반만년. 대대로 이어 오는 우리 삼천만. 복되도다. 그 이름 대한이로세" 노래를 부른다.

7. 미니 퍼즐 판에 태극기를 그린다.

8. 다 그린 후 퍼즐을 쏟아서 다시 맞춰본다(집에 가져가서 수시로 하시도록 안내한다).

9. 〈애국가〉를 다시 한번 불러본다.

10. 박장대소를 하고 인사로 마친다.

세계인구

세계인구 78억 7,496만 5,732명
한국 5,182만 1,669명(28위)

(2021년 기준)

1. 중국
14억 4,421만

2. 인도
13억 9,340만

3. 미국
3억 3,291만

4. 인도네시아
2억 7,636만

5. 파키스탄
2억 2,519만

출처 : KOSIS(통계청, UN, 대만통계청)

네덜란드
(Netherlands)

3색은 오라녜 가문의 문장 빛깔에서 따왔다. 16세기 후반 오라녜 공 윌리엄이 에스파냐에 대해 독립운동을 전개하면서 최초로 3색기가 사용되었는데, 이때 '공작기'라는 뜻의 'Prinsenvlag'라고 불렸다. 당시에는 빨간색 부분이 오렌지색이었으나 1630년 이후 현재의 도안으로 변경되었다. 빨간색은 용기, 하얀색은 신앙, 파란색은 충성심을 나타낸다.

네팔
(Nepal)

세계에서 유일하게 직사각형 모양이 아닌 삼각형 2개를 연결해 배치한 국기다. 파란색은 세계, 빨간색은 행운, 12개의 하얀 광선은 달의 평화, 태양은 힘을 나타내는 동시에 힌두교 국가임을 나타낸다. 전체적으로 '달과 태양과 같이 번영하라'는 염원을 나타낸다.

독일
(Germany)
분데스플라게

1813년 나폴레옹에 맞서 싸운 의용군의 복장에서 유래했으며, 현재 형태는 바이마르 공화국 때 제정되었다. 나치 치하 때 폐지되었다가 종전 이후 부활했다. 동독과 서독이 같은 국가를 썼지만, 동독은 중앙에 공산주의 상징이 그려진 깃발을 사용했다가 통일 이후 하나로 합쳐졌다. 검은색은 근면과 힘, 빨간색은 피, 노란색은 명예를 나타낸다.

러시아
(Russia)

18세기 초 표트르 대제가 유럽을 여행하던 중 네덜란드의 국기를 본 후 만들었다고 한다. 제정 러시아 때 사용되다가 소비에트 혁명 이후 폐지되었던 것이 1991년 소비에트 연방 붕괴와 함께 부활했다. 하얀색은 천상 세계와 고귀함, 파란색은 하늘과 정직, 빨간색은 속세와 용기를 나타낸다.

멕시코
(Mexico)

1810년 에스파냐와의 독립전쟁에서 처음 사용되었다. 초록색은 독립과 대지, 하얀색은 순결과 통일, 빨간색은 인종의 통합과 국가의 독립을 위해 바친 희생 등을 상징한다. 국기의 중앙에 삽입된 문장은 '독수리가 뱀을 물고 앉아 있는 호숫가의 선인장이 있는 곳에 도읍을 세우라'는 아스텍의 건국 전설에서 유래되었다.

미국
(United States of America)
성조기

1777년 제정되었다. 처음에 별, 빨간색, 하얀색 줄은 13개로 독립 당시의 주를 상징하는 것이었지만, 서부 개척에 의해 주가 계속 늘어남에 따라 별과 줄이 계속 늘어나다가 줄은 13개로 그대로 두고, 주가 추가될 때 별만 추가하기로 했다. 28번 개정해 현재 50개의 별이 그려져 있다.

베트남
(Vietnam)
금성홍기

1940년 코친차이나 봉기 때 최초로 사용되었으며, 북베트남에서 사용되었다. 이후 통일이 되어 계속 사용되었다. 빨간색은 혁명과 피와 조국의 정신, 노란색 5개의 모서리는 노동자-농민-지식인-청년-군인의 단결을 상징한다.

브라질
(Brazil)
아 아우리베르지

초록색 바탕에 노란색 마름모 도안은 브라질 제국에서 유래된 것이다. 공화정 선언 후 황실 문장을 폐지하고, 공화정이 선언된 1889년 11월 15일 8시 30분, 리우데자네이루 하늘에 펼쳐진 별자리 천구의를 그려 넣었다. 초록은 농업과 산림 자원, 노란색은 광업과 지하자원, 남색은 하늘을 나타낸다. 별자리는 각 주를 상징한다. 천구의 흰색 띠에는 포르투갈어로 '질서와 진보'라고 써 있다.

사우디아라비아
(Saudi Arabia)

초록색은 이슬람 세계에서 신성시되는 색깔이다. 중앙에는 아랍어로, 오른쪽에서 왼쪽으로 이슬람의 다섯 기둥 중 하나인 샤하다(고백)가 적혀 있다('알라 외에는 신이 없고, 무함마드는 예언자다'라는 구절로 이슬람교도는 반드시 외워야 한다). 글씨 아래의 칼은 1920년 와하브 왕국의 왕으로 네지드, 헤자즈 왕국을 통합해 사우디 아라비아 왕국을 세운 압둘아지즈왕이 추가했다.

호주
(Australia)

깃발 왼편의 유니언 잭은 오스트레일리아가 영연방의 일원임을 나타낸다. 그 아래 커다란 7각별은 '연방 별'이라고 하는데, 독립 이전 7개 지역이 오스트레일리아 연방으로 통일되었음을 나타낸다. 기 오른쪽 별들은 남십자성을 표현하는데, 4개는 7각별이지만, 하나는 5각별이라는 점이 특이하다. 이 깃발은 정부를 나타내며, 원주민은 자체적인 깃발을 사용한다.

이란
(Iran)

중앙의 문장은 '알라'를 아랍어로 형상화 한 것이다. 세 가지 색은 전통적인 색으로, 페르시아 이래의 전통을 준수함을 나타낸다. 하얀색 위아래로 문자로 구성된 테두리가 있는데, '신은 무엇보다 위대하다'라는 구절이 22번 반복되어 있다. 22는 1979년 혁명이 이란 달력으로 11번째 달인 22일에 일어난 데서 유래한다.

이탈리아
(Italy)
일 트리콜로레

프랑스의 국기를 모방해 만들었으며, 의미는 프랑스와 마찬가지로 '자유, 평등, 박애'다. 초록색은 아름다운 국토, 하얀색은 알프스의 눈과 정의, 평화의 정신, 빨간색은 애국의 뜨거운 피를 나타낸다. 1796년 나폴레옹이 이탈리아에 공화국을 세운 이후 국기로 제정했다가, 통일 후 국기로 정식 지정되었다. 1946년 기 안에 있던 문자를 없애고, 현재 공화국의 국기로 재제정했다.

인도
(India)

귤색은 용기와 희생, 하얀색은 진리와 평화, 초록은 공평과 기사도다. 파란 바퀴는 '차크라(물레)'인데, 아소카왕의 사자상에 새겨진 법륜(법의 윤회)에서 따왔고, 24시간을 뜻하는 24개의 바퀴 살이 있다. 1920년부터 비공식적으로 사용되다가 1942년 국기로 처음 사용되었다. 제정 당시 힌두교(귤색)-통일(하얀색)-이슬람교(초록)을 의미하는 국기로 만들어졌다가, 간디가 후에 바퀴를 추가했다.

일본
(Japan)
히노마루

중앙의 빨간 동그라미는 태양을 상징하며, 태양 신앙과 '해가 돋는 나라'라는 선민 의식을 나타낸다.

중국
(China)
오성홍기

다섯 개의 별은 공산주의를 상징하며, 좌편의 커다란 별은 공산당, 작은 별은 노동자, 농민, 학생, 지식인을 상징한다. 빨간색은 공산주의와 혁명(공산국가에는 주로 빨간색을 많이 사용한다)을 나타내며, 노란색은 중국인과 공산주의의 밝은 미래를 나타낸다. 별의 배치는 공산당의 영도 아래 혁명인민의 대단결을 의미한다.

캐나다
(Canada)
단풍잎기

메이플 리프(Maple leaf, 프랑스어로 l'Unifolié)라고도 한다. 빨간 바탕에 하얀색 정사각형이 있고, 거기에 붉은 단풍잎이 그려져 있다. 1964년 국민 공모 당선작을 1965년 엘리자베스 2세가 승인해 채택되었다.

튀르키예
(Türkiye)
아이 이을드즈, 월성기

기원전 4세기 마케도니아 군세가 비잔티움 성벽 밑을 뚫고 침입하려 할 때 초승달 빛으로 이를 발견해 나라를 구했다는 전설을 그리고 있다(그 밖에도 1398년 코소보 전투가 끝난 후 피바다 속에 나타난 신비로운 달과 별을 가리킨다고도 한다).

프랑스
(France)
라 트리콜로레

세로로 된 삼색기 가운데 최초이며, 프랑스대혁명 당시 사용되었던 깃발이 7월 혁명 이후 국기로 지정된 것이다. 차례대로 프랑스대혁명의 정신인 자유·평등·박애를 상징한다.

스웨덴
(Sweden)

노란색 십자가 모양은 스웨덴이 그리스도교 국가임을 상징적으로 알려준다. 십자가기는 스칸디나비아제국의 공통적인 디자인이다. 가로 세로 비율이 16:10인 스웨덴 국기는 칼마르 동맹(Kalmar Union)에서 독립해 새로운 왕조가 건국된 1523년부터 사용되었다. 1906년 6월에 현재 사용하는 국기의 가로 세로 비율, 색깔 등에 대한 규격이 공식적으로 제정되었다.

자메이카
(Jamaica)

초록은 농업과 천연의 부와 미래에 대한 희망, 검정은 국민이 짊어지고 극복해야 할 고난, 노랑은 빛나는 태양의 아름다움과 천연자원을 나타낸다. '고난과 어려움이 있더라도 희망이 있고 태양은 빛난다'라는 의미다. 가로 세로 비율은 2:1이다. 의회의 양당 위원회에서 디자인했고, 1962년 8월 6일 영국으로부터 독립한 날에 처음 사용·제정했다.

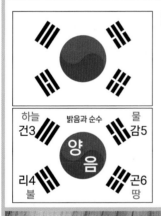

대한민국
(Korea)
태극기

강화도 조약, 조미수호통상조약 등에 쓰였고, 1883년 고종이 조선의 국기로 지정했다. 중앙에 태극, 네 귀에 건, 곤, 감, 리가 있다. 태극은 만물을 생성시키는 근원이며, 우주 일체가 역동적으로 움직이는 것을 상징한다.

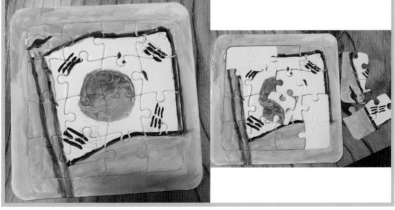

1 가로, 세로 14cm 미니 퍼즐 판을 준비한다.

2 태극기를 보며 테두리까지 그림을 그리도록 설명을 하되 4면의 테두리 색을 다르게 하는 것이 퍼즐 맞추기가 좋다.

(* 굵은 사인펜으로 그릴 때 잘 그려진다. 일반 사인펜은 가늘어서 여러 번 문지르면 종이가 상하는 경우가 생긴다.)

(* 색연필은 바탕이 매끄러우므로 칠이 잘되지 않는다.)

(* 물감은 다른 기관에서 사용하기가 불편하고, 퍼즐 조각이 붙는 경우가 생긴다.)

43 도트 놀이 후 단풍나무 꾸미기

강의주제 ▶ 도트 활용 패턴 찾기 후 단풍나무를 꾸민다.

학습목표 1. 수 인지와 패턴을 구별할 수 있다.

2. 도트를 이용해 단풍나무를 꾸밀 수 있다.

도입 '가을이 되면'으로 시작해서 스토리 텔링을 한다.

〈가을 길〉 노래를 불러본다(음악을 준비해서 크게 틀고 다 같이 불러본다).

1. 노랗게 노랗게 물들었네. 빨갛게 빨갛게 물들었네.

   파랗게 파랗게 높은 하늘. 가을 길은 고운 길.

   트랄 랄랄라 트랄 랄랄라 트랄 랄랄랄라 노래 부르며

   산 넘어 물 건너 가는 길. 가을 길은 비단 길.

2. 노랗게 노랗게 물들었네. 빨갛게 빨갛게 물들었네.

   파랗게 파랗게 높은 하늘. 가을 길은 고운 길.

   트랄 랄랄라 트랄 랄랄라 트랄 랄랄랄라 소리 맞추어

   숲속의 새들이 반겨 주는 가을 길은 우리 길.

PPT, 도트, 바탕 그림(도트 판, 나무 그림), 음악.

1. 도트 PPT를 참고해 빨간색 도트와 노란색 도트를 정해진 위치에 놓아
본다.

2. 도트 용지 위에 ㄱ, ㄴ 등 빨간색, 노란색 정해진 색깔로 글자 모양을 만
들어본다.

3. 도트 용지 위에 빨간색, 노란색 정해진 색깔로 숫자 모양을 만들어본다.

4. 자기 마음대로 만들고 싶은 것을 만들어보는 시간도 가져본다.

5. 빨간색 도트, 노란색 도트를 나뭇가지 그림에 붙여서 단풍나무를 완성
한다(나무에 붙일 때는 초록색을 곁들여도 좋다).

6. 〈부자이더라〉 노래를 부르며 율동한다.

7. 박장대소를 하고 인사로 마친다.

PPT 1-8

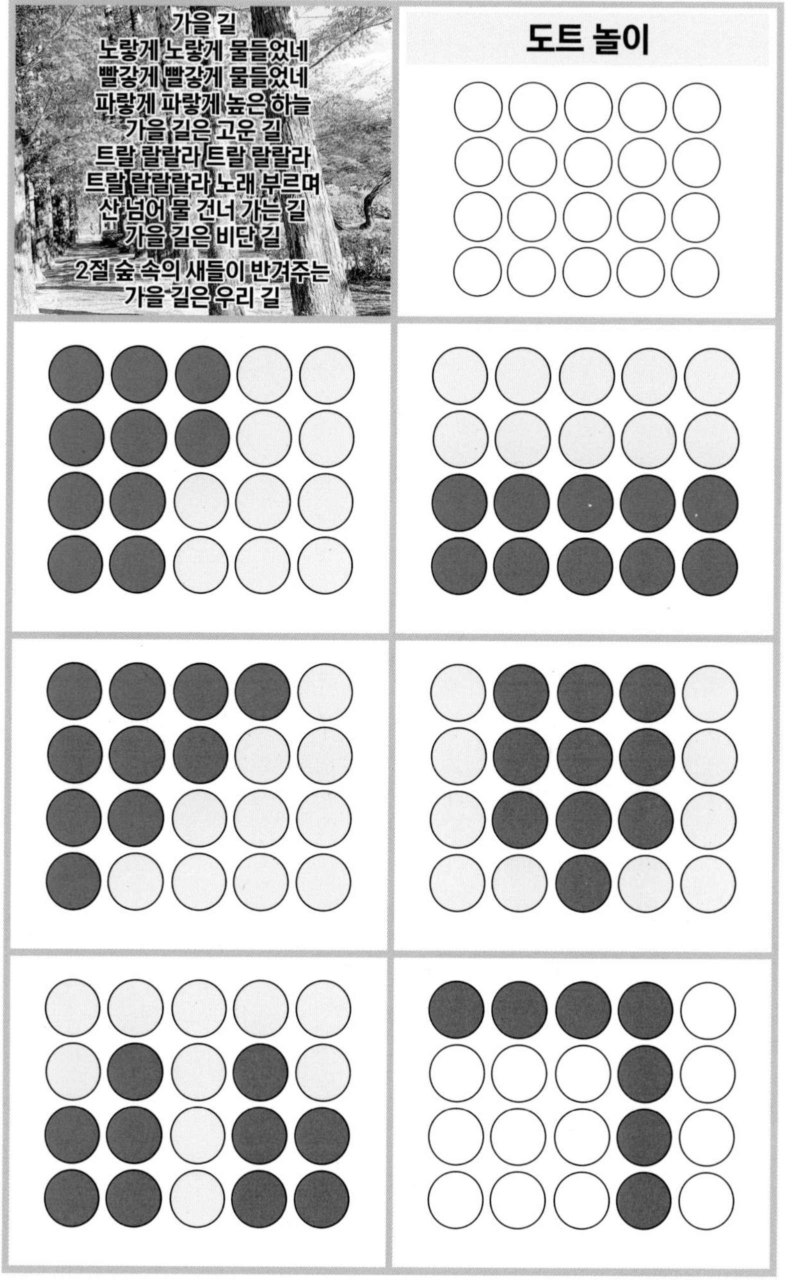
가을 길
노랗게 노랗게 물들었네
빨갛게 빨갛게 물들었네
파랗게 파랗게 높은 하늘
가을 길은 고운 길
트랄 랄랄라 트랄 랄랄라
트랄 랄랄랄라 노래 부르며
산 넘어 물 건너 가는 길
가을 길은 비단 길
2절 숲 속의 새들이 반겨주는
가을 길은 우리 길
도트 놀이

PPT 9-16

무슨 숫자가 들어 있나요?

규칙을 찾아보아요.

뭐가 보이나요?

참고자료(단풍나무 꾸미기)

1
도트 놀이
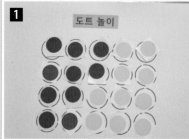

2
도트 놀이

3
도트 놀이
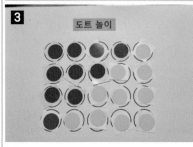

4
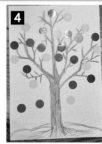

1 강사가 제시하는 그림을 보고 놓아 본다.

2 다시 가장자리로 다 보낸다.

3 제시하는 그림을 보고 다시 놓는다.

4 학습 후 나무 밑그림에 붙여서 단풍나무를 완성한다.

(* 동그랗게 오려놓으면 어르신들이 만지기에 불편할 수 있어 네모나게 오려서 학습 후 스티커 도트를 떼어 나무에 붙인다. 여분의 도트를 초록색과 다른 색도 가져가서 더 붙여 줄 수도 있다.)

(* 바탕 그림 도트는 25mm지만, 위에 놓는 도트는 19mm를 사용한다. 단풍나무에 붙이는 용도로는 25mm는 너무 커서 덜 예쁘다(저자 의견).)

참고자료(나무 그림)

44 시와 노래

강의주제 시와 노래 속에 들어 있는 도형을 찾아보자.

학습목표 언어 인지 기능과 기억력 활성화를 돕는다.

도입 곰 다리 새 다리 손 유희 1, 2, 3단계로 연습을 천천히 한다. 점점 속도를 내므로 재미가 있다.

- 1단계 : 양손을 같이 움직인다. 엄지는 곰, 곰 다리 네 개, 소지는 새, 새 다리는 두 개.

- 2단계 : 양손을 따로 표현한다. 오른손은 곰 다리, 왼손은 새, 마지막 여섯 개를 표현할 때는 두 손 다 사용한다.

- 3단계 : 양손을 한 손으로 간주해서 움직인다. 4개, 2개를 만들어준다.

준비물 PPT, 학습지, 크레파스, 음악.

전개 1. 기억에 남는 시가 있는지, 지었던 시가 있는지 생각해볼 수 있도록 기회를 만든다.

2. 〈엄마야 누나야〉 시를 낭송가처럼 읽어본다(누가 더 낭송가 같은지 해볼 수도 있다).

3. 노래로 불러본다.

4. 〈엄마야 누나야〉로 시를 지어본다.

5. 시 전문에 동그라미, 네모가 몇 개나 있는지 찾아본다.

6. 학습지 시에 동그라미 네모를 찾아서 색칠한다.

7. 〈박수를 치면서〉 노래를 부르며 신체활동을 한다.

8. 박장대소를 하고 인사로 마친다.

PPT 1-6

뭐가 보이나요?	다 같이 읽어보기 낭송가처럼
엄마야 누나야 강변 살자 김소월	엄마야 누나야 강변 살자 뜰에는 반짝이는 금모래빛 뒷문 밖에는 갈잎의 노래 엄마야 누나야 강변 살자
노래 불러보기	**동그라미가 몇 개인가 찾아 세어보기**
엄마야 누나야 강변 살자 뜰에는 반짝이는 금모래빛 뒷문 밖에는 갈잎의 노래 엄마야 누나야 강변 살자	엄마야 누나야 강변 살자 뜰에는 반짝이는 금모래빛 뒷문 밖에는 갈잎의 노래 엄마야 누나야 강변 살자
네모는 몇 개인가 찾아 세어보기	**나도 시인**
엄마야 누나야 강변 살자 뜰에는 반짝이는 금모래빛 뒷문 밖에는 갈잎의 노래 엄마야 누나야 강변 살자	〈엄마야 누나야〉 시 지어서 발표하기

(* 대상자 및 시간에 따라 학습 후 활동은 선택해서 한다.)

그림 따라 그리기

(* PPT로 보여 줄 수도 있고, 대상 인원이 적으면 프린트해서 준다.)

동그라미는 빨간색, 네모는 파란색으로 색칠하세요.

엄마야 누나야 강변 살자

뜰에는 반짝이는 금모래빛

뒷문 밖에는 갈잎의 노래

엄마야 누나야 강변 살자

45 칠교놀이

강의주제 ▶ 칠교놀이로 공간지각력을 향상한다.

학습목표 ▶ 1. 세모, 네모 도형을 구별하며, 공간지각력을 향상할 수 있다.
2. 칠교를 사용해 여러 가지 모양을 만들 수 있다.

도입 ▶ 동그라미, 세모, 네모 모양 몸으로 만들기 – 하나, 둘, 셋 동그라미!

강사를 따라 같은 모양 만들어보기 게임을 한다. 처음에는 같이 하다가 강사는 말은 동그라미를 하고, 행동을 다르게 한다. 대상자들이 잘 듣고 모양을 만든다. 강사를 따라 하면 틀린다(조금 더 확장한다면 손으로도 해본다).

준비물 ▶ PPT, 칠교 세트, 칠교 모양 판, 학습 후 활동지 PPT 24번 두 장, 크레파스, 가위, 풀, 음악.

전개 ▶ 1. 동그라미, 세모, 네모 모양의 사물을 말해본다(스토리 텔링).

2. 사진에서 세모, 네모를 찾아본다.

3. 세모, 네모 개수를 세어본다.

4. PPT를 보며 칠교를 똑같은 모양으로 놓아본다.

5. 바탕에 모양대로 갖다 놓는다.

6. 직접 칠교를 만들어 밑그림에 붙인다(칠교 도안 두 장을 준비해서 한 장에는 채색을 도형마다 다르게 한 다음 오려서 다른 한 장에 맞춰 붙여주기 활동을 한다).

7. 〈빵빵〉 노래를 부르며 신체활동을 한다.

8. 박장대소를 하고 인사로 마친다.

(* PPT 24번은 색종이 15×15 규격에 맞춘다.)

(* 미리 준비한 칠교는 색종이를(15×15) 켄트지에 붙여서 컬러가 없는 뒷면에 그려서 오린다. 컬러는 섞어서 한 세트로 구성한다.)

(* 전개 6번 과정은 PPT 24번을 A4 용지에 2장 프린트해서 준비한다.)

PPT 1-9

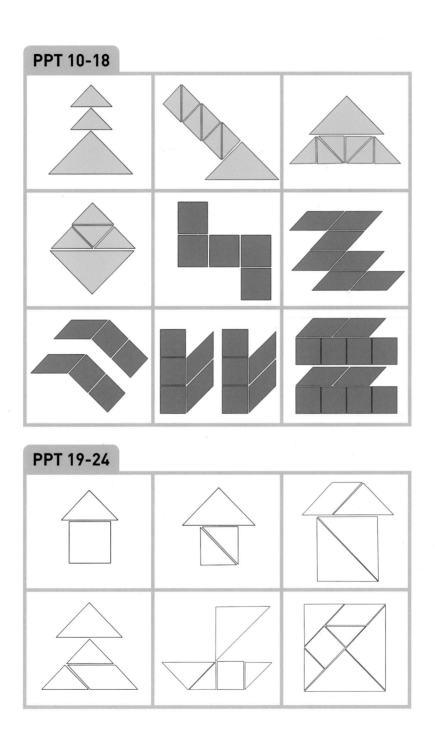

1

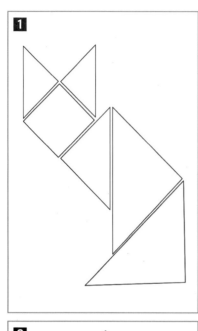

2

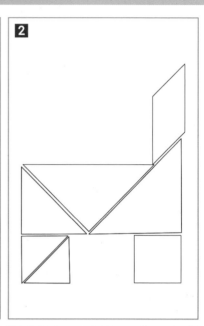

3

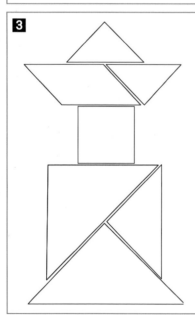

4

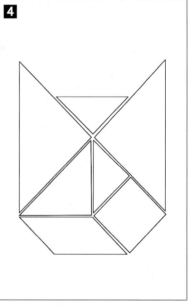

(* 그림 위에 같은 도형을 갖다 놓는다.(이 그림은 A4 용지 두 장에 앞뒤로 뽑아서 코팅해서 사용))

46 크리스마스 트리 만들기

강의주제 크리스마스 트리를 만든다.

학습목표 크리스마스의 의미를 알고, 트리를 만드는 작업을 통해서 실행력 향상 과 작품을 통한 성취감으로 정서 지원을 한다.

도입 캐럴송을 불러본다.

미니 탬버린 등 도구를 사용해도 좋다. 500mm 물병에 화분 자갈 작은 것을 색깔별로 넣어서 마라카스처럼 사용해도 좋다.

준비물 색종이, 휴지심, 종이컵, 별, 뽕뽕이, 목공 풀, 음악.

전개 1. 트리 만드는 작업은 시간이 많이 소요된다. 따라서 PPT 없이 크리스마 스에 대한 스토리 텔링 시간을 가진다.

2. 교회에 다니는 분들은 새벽송을 부르며 다녔던 이야기나 교회 행사를 이야기한다. 교회를 안 다니는 분들은 교회에 선물 받으러 갔던 기억 등 을 살려 이야기를 꺼낼 수 있도록 유도한다.

3. 크리스마스 노래는 도구를 사용해서 흥미를 유발하고, 크리스마스 트리 를 만든다.

4. 박장대소를 하고 인사로 마친다.

참고자료(크리스마스 트리)

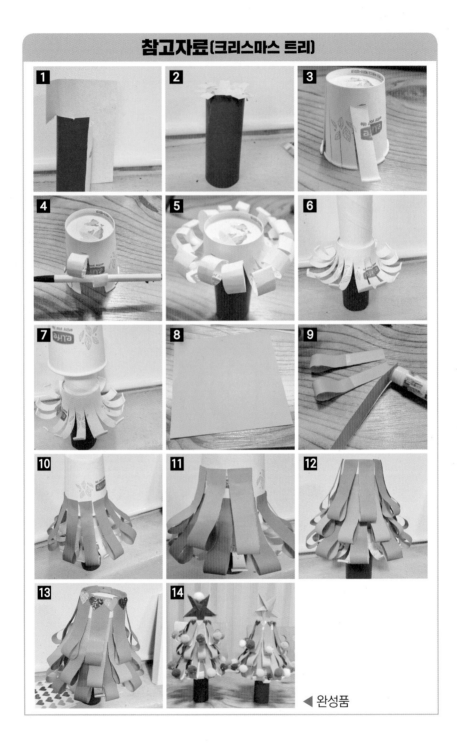

▶ 완성품

트리 만드는 순서(옆의 참고자료 사진 참조)

1 휴지심 윗부분을 1cm 정도 남기고 색종이로 감싼다.

2 윗부분을 가위로 잘라 눕혀 준다.

3 종이컵을 1cm 간격으로 자르고, 컵 아랫부분은 2cm 정도 남긴다.

4 볼펜을 이용해 종이컵 자른 부분을 말아 올린다.

5 2번에 목공 풀을 바르고 4번의 종이컵을 씌워서 지그시 눌러 준다.

6 그 위에 다시 휴지심 하나를 목공 풀을 이용해서 붙여준다.

7 휴지심 위에 종이컵을 덮어 붙여준다.

8 색종이를 8등분으로 자른다

9 1/3을 남기고 말아 붙인다.

10 위에 있는 컵 아랫부분에 빙 둘러 9번 색종이를 붙인다.

11 붙여진 사이사이로 색을 다르게 해서 한 줄 빙 둘러 붙인다.

12 종이컵 가장 윗부분을 살짝 덮으면서 3번째 색종이를 붙여 준다.

13 별이나 하트 반짝이 스티커로 장식을 한다.

14 뿅뿅이를 붙이고, 상단 종이컵 중앙에 십자 칼집을 넣고 별을 꽂아 준다.

(* 시간이 많이 필요한 작업으로 이틀을 하게 되면, 몸통(휴지심에 종이컵을 붙이고 자르는 작업) 만드는 시간 하루, 장식하는 시간 하루로 잡으면 좋다. 선생님들의 도움이 필요하다.)

1년 365일,
골판지 달력 만들기

강의주제 ▶ 1년 365일 골판지 달력을 만든다.

학습목표 ▶ 1년 안에는 어떤 날들이 있는가? 어떤 날들이 있는지 기억하며, 뇌 인지 훈련과 언어 인지 기능을 활성화한다.

도입 ▶ 일생 박수

---

1. 연지연지 짝짝. 곤지곤지 짝짝. 연지 짝. 곤지 짝. 연지 곤지 짝짝.

2. 열고 열고 짝짝. 닫고 닫고 짝짝. 열고 짝. 닫고 짝. 열고 닫고 짝짝.

3. 사랑해 사랑해 짝짝. 좋아 좋아 짝짝. 사랑해 짝. 좋아 짝. 사랑해 좋아 짝짝.

4. 응애 응애 짝짝. 까꿍 까꿍 짝짝. 응애 짝. 까꿍 짝. 응애 까꿍 짝짝.

일생 박수

1. "옛날 결혼할 때 얼굴에 뭘 찍었지요?"

2. "초례청에서 결혼식을 마치면 어디로 들어갔나요?"

3. "신방에 들어가면 무엇을 했나요?"

4. "신랑 각시가 사랑하고 나면 뭐가 나오나요?"

장면에 맞는 주제로 스토리 텔링을 하면서 박수를 한 가지씩 배우고, 반복 연습한다. 그 후 첫 번째 또는 두 번째가 무슨 박수였는지를 물어본다. 반복해서 뇌 인지 훈련을 한 후 이어서 네 가지 박수를 다 한다.

준비물 PPT, 골판지, 찍찍이, 별이나 하트 스티커(골판지 꾸밀 것 재량껏) 가위, 굵은 사인펜, 음악.

전개 1. "1년은 며칠이라고요?" 같은 뻔한 질문을 하면서 어르신들로 하여금 생각하는 시간을 제시한다.

2. 12간지를 짚어본다.

3. 주먹을 쥐고 큰 달, 작은 달을 짚어본다(실제 이것을 모르시는 어르신들도 있다).

4. "다 알고 있는 사실이지만, 조금 더 자세히 한 번 해볼게요" 하면서 따라 하도록 한다(1년은 365일, 1년은 12달, 한 달은 30일, 1주일은 7일, 하루는 24시간, 1시간은 60분, 1분도 60초).

5. 달력을 다 만든 후 〈달 타령〉을 한 번 불러본다.

6. 박장대소를 하고 인사로 마친다.

골판지 달력 만들기

1 바탕 골판지 크기(40cm×30cm / 50cm×40cm)는 재량껏 정한다.

2 요일은 한글로 된 스티커 용지를, 요일별로 잘라서 붙인다.

3 요일을 다 붙인 다음 위에다 '웃음은 보약이다' 문구를 붙인다.

4 1번부터 31번까지 골판지에 번호를 붙인 다음 날짜를 자른다(1번부터 31번까지 번호를 뽑아 간다. 대상자에 따라서 직접 써도 된다).

5 낱개로 된 찍찍이를 까슬이는 바탕 골판지에, 보슬이는 번호에 붙이도록 한다.

6 번호를 그달 달력을 보고 자리에 맞도록 찾아 붙인다(매달 한 번씩 떼었다가 다른 달력을 보고 다시 붙여주도록 설명한다. 작게 개인용으로도 할 수 있고, 조별로 크게 할 수도 있다).

7 송곳으로 중앙 두 군데 구멍을 뚫고, 끈을 끼워서 걸 수 있도록 한다.

8 반짝이 스티커로 장식한다.

참고자료(골판지 달력)

요일

일	월	화	수	목	금	토

날짜

바탕 골판지

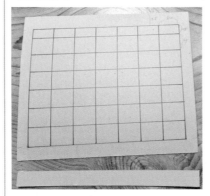

완성품 ▶

실제 어르신 작품, 하단에는
기관 상호를 넣는다.

48 **(회상학습) 오자미 놀이**

강의주제 오자미 놀이를 한다.

학습목표 1. 옛 놀이를 회상하며 정서 지원 및 오자미 던지기 놀이를 통해 소근
육 활동을 한다.

2. 점수 계산으로 수 인지 활동을 통한 뇌 인지 기능 활성화를 기대한다.

도입 얼씨구 절씨구, 에헤야 데헤야, 좋아 아무렴 박수.

---

1. 얼씨구 얼씨구 짝짝, 절씨구 절씨구 짝짝.
   얼씨구 짝, 절씨구 짝, 얼씨구 절씨구 짝짝.

2. 에헤야 에헤야 짝짝, 데헤야 데헤야 짝짝.
   에헤야 짝, 데헤야 짝, 에헤야 데헤야 짝짝.

3. 좋아 좋아 짝짝, 아무렴 아무렴 짝짝.
   좋아 짝, 아무렴 짝, 좋아 아무렴 짝짝.
   (뇌 인지 기능 활성화 훈련이라고 생각하면서 할 수 있도록 한다.)

첫 번째(ex : 얼씨구 얼씨구) 말은 오른손이 올라가고, 두 번째(ex : 절씨구 절씨구)
말은 왼손이 올라간다. 세 가지를 따로 연습한 후 세 가지를 한 번에 섞어서
한다. 처음에는 천천히 하다가 속도를 내면서 더 재미있게 한다.

---

1. 색깔이 다른 오자미 2세트(각 5개).

  2. 점수를 기록하는 보드(색지를 붙인 재활용 스치로폼(60cm×90cm)에 동그라미를 3개 그리고, 칸마다 다른 점수를 매겨서 사용).

  3. 점수를 기록하고 계산할 수 있는 용지와 펜.

1. 옛 놀이는 어떤 놀이가 있는지를 알아본다.

  2. 여러 가지 놀이 중 본인이 가장 잘했던 것을 자랑하는 시간을 갖는다.

  3. 놀이마다 특징을 알아본다.

  4. 오자미 놀이에 관해 이야기해본다.

  5. 팀을 나누고 팀 이름을 짓는다. 팀별 응원을 먼저 한다.

  6. 점수를 붙여둔 스티로폼 판에 오자미 던지기를 한다(보드를 가운데 두고 양쪽으로 2m 정도 떨어져서 던진다. 어르신들 상태에 따라 더 가까이에서 던질 수도 있다).

  7. 칸마다 던져진 오자미를 확인하고, 강사가 점수를 불러주면 각자 기록하고 계산한다.

  8. 3차례 정도를 하고, 개인별 점수를 계산해 1등을 가려낸다(시간이나 상황에 따라 횟수를 늘릴 수도 있다).

  9. 각 팀에서 1등이 나와서 팀 대항을 한 번 더 한다.

    (* 각 팀 선물은 경우에 따라 장기자랑을 시킬 수도 있다.)

    (* 이긴 팀과 진 팀이 다 받을 수 있도록 해야 한다(약간의 차별을 둔다).)

  10. 박수 치며 태평가를 부르고 박장대소로 마친다.

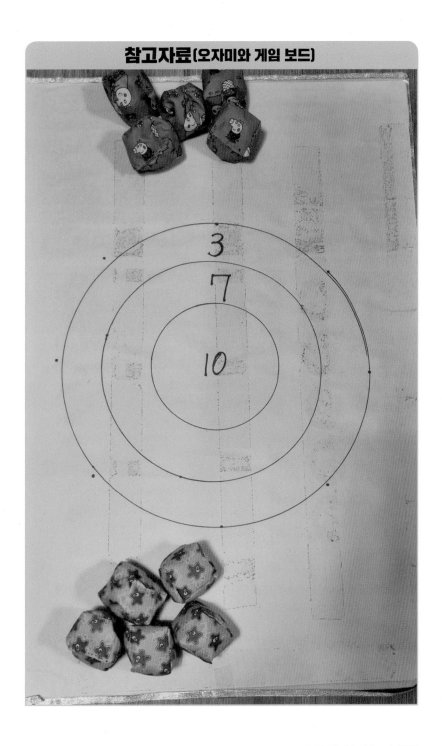

49 (회상학습) 공기놀이

강의주제 공기놀이를 한다.

학습목표 회상학습을 통해 정서 지원을 하고, 공기놀이로 소근육 운동을 한다.

도입 4박자 박수를 친다.

머리 머리 짝짝, 어깨 어깨 짝짝, 허리 허리 짝짝, 엉덩이 엉덩이 짝짝.

머리 짝, 어깨 짝, 허리 짝, 엉덩이 짝.

머리 어깨 허리 엉덩이 짝짝짝짝.

4박자 박수를 천천히 빠르게 충분히 연습한다. 강사는 속도를 내면서 못 따라 할 만큼 빠르게 해서 웃음을 끌어낸다. 그리고 〈고향의 봄〉을 부른다. 어르신들에게 익숙한 동요를 부를 때는 2절까지 부르면, 처음에는 몰랐다가도 기억이 살아난다.

준비물 공기, 학습지, 연필, 음악.

전개 1. 어릴 때 무슨 놀이를 하고 놀았는지 발표한다.

2. 가장 잘하는 것이 무엇이었는지 말한다.

3. 강사는 옛 놀이에 대해 미리 숙지하고 적어 간다. 놀이마다 손이나 발 동작으로 흉내를 내본다.

4. 공기놀이를 한다(강사는 공기놀이의 종류를 먼저 알고 다양하게 진행한다).

5. 도입에서 배운 박수랑 〈고향의 봄〉을 다시 하고 박장대소를 한다.

6. 다음 시간을 약속하며 인사로 마친다.

재미있는
공기놀이

(회상학습) 주택의 변천

강의주제 ▷ 주택의 변화 학습 후 내가 살던 집을 그린다.

학습목표 1. 예전에 살던 집을 생각하며 그간의 변화를 생각한다.
2. 회상학습을 통해 정서 지원과 스토리 텔링을 통한 언어 인지 기능을 활성화한다.

도입 ▷ 짝꿍이랑 3박자 박수 연습 후 짝꿍이랑 마주 보며 〈도라지 타령〉 부르기.

---

1. 내 무릎 한 번, 상대방 손바닥 두 번을 반복해서 쳐본다. 혹시 잘 따라 하지 않는 어르신이 있을 때는 "잘 맞춰질 때 많이 맞춰봐야 해요. 이것도 안 될 때가 있어요"라고 말한다. 그러면 어르신들은 그렇다고 맞장구를 치신다.

2. 내 무릎 한 번, 상대방 오른손 한 번, 왼손 한 번 반복해서 연습한다.

3. 1번, 2번을 이어서 한다. 반복한 후 〈도라지 타령〉을 부르면서 한다.

준비물) PPT, A4 용지, 색연필, 음악.

전개) 1. 옛날 집들은 어떤 것들이 있었는지 알아본다.

2. 어르신들이 살던 옛집에 관해 이야기한다.

3. 초가집, 기와집으로 변화되어 온 과정을 알아본다.

4. 옛날 부엌을 이야기한다.

5. 옛날 화장실 이야기를 어르신들과 스토리 텔링한다.

6. 오늘날 아파트, 깨끗한 화장실 이야기까지 좋아진 환경을 이야기한다.

7. 옛날 집에 대가족이 살던 이야기를 한다.

8. 핵가족 시대를 이야기한다. 누구나 가족이 많지 않기 때문에 스스로 즐거움을 찾고, 감사의 조건을 찾아서 사는 것을 이야기 나눈다.

9. A4 용지에 내가 살던 집을 그리고 색칠한다.

10. 〈강원도 아리랑〉을 부르며 체조한다.

11. 박장대소를 하고 인사로 마친다.

PPT 1-6

주택문화의 변화

초가집

흙벽돌집

옛날 부엌

옛날 화장실

기와집

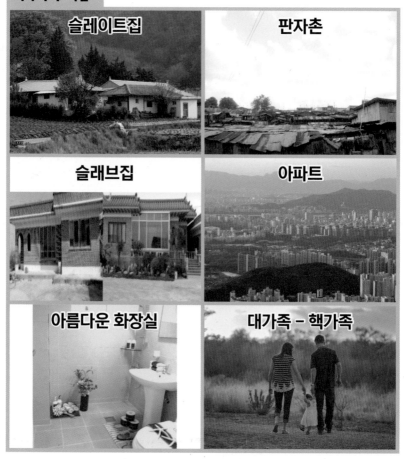

내가 살던 집을 그려 보아요.

51 (회상학습) 산가지 놀이

강의주제 ▶ 1. 연상 단어를 이어간다.

2. 산가지 놀이를 한다.

학습목표 ▶ 놀이를 하기 전 학습으로 연상 단어를 기억하므로 뇌기능 활성화와 놀이를 통한 정서 지원을 한다.

도입 ▶ 리리 리자로 끝나는 말은 하면서 끝말잇기로 생각을 완화시킨다.

리리리 자로 끝나는 말은 개나리, 미나리, 소쿠리, 유리 항아리.

(* 지방마다, 살아온 세대마다 다를 수 있으므로 강사가 할 수 있는 것을 익혀서 하되 어르신들이 아는 것이 나오면 그것으로 하도록 한다.)

준비물) 산가지, 놀이 후 학습지, 색연필, 음악.

전개) 1. 산가지가 무엇인지 질문을 던지고 이야기를 풀어간다.

2. 산에 올랐던 이야기를 기억하며 나눈다.

3. 산에서 나는 것들은 무엇이 있는지 말한다.

4. 옛날에는 먹을 것을 찾으러, 땔감을 만들기 위해 산에 올랐던 회상학습으로 유도한다.

5. 그 어려웠던 날들을 잘 이겨 낸 나를 칭찬한다(나 안아주고 칭찬하기).

6. 회상학습을 한 후 '나무'를 주제로 해서 연상 단어를 찾아 나간다(나무-산-불-땔감-장작 … 대상자가 생각할 시간을 충분히 주고, 그림을 보여주며 말한다. 단어에 따른 스토리 텔링과 회상학습을 하도록 안내한다. PPT 애니메이션을 활용하면 더 좋다).

7. 산가지 놀이를 한다.

8. 학습지를 한다.

9. 〈날마다 좋은 날〉을 부르며 율동한다.

10. 박장대소를 하고 인사로 마친다.

PPT 1-8

(* PPT 없이도 스토리 텔링으로 이어갈 수 있다.)

참고자료(산가지 놀이)

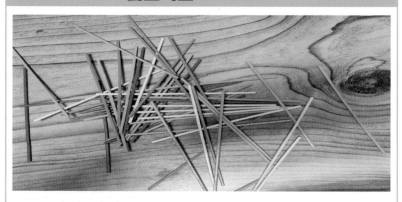

1 한 사람이 다른 것을 움직이지 않고 집어가야 한다. 다른 것을 건드리지 않으면 계속 가져갈 수 있다. 많이 모은 사람이 이긴다(한 손만 사용한다).

2 두 사람이 한 조가 되어 한 손가락씩 둘이 한 손처럼 가져가기를 한다.

3 평소 쓰지 않는 왼손으로 하기도 해본다(왼손잡이는 오른손).

4 산가지를 양을 많이 해서 가로, 세로로 쌓아 올려 집을 지어보기도 한다.

(* 시간이나 대상자에 따라 강사 재량으로 한다.)

참고자료(연상 단어 찾기)

강사가 사전에 연관된 단어들을 많이 익혀둔다.

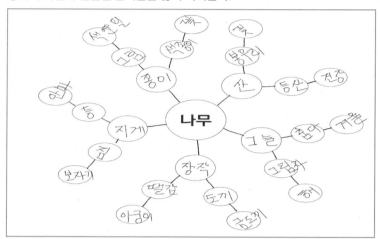

회상학습하고 상관없이 주제를 바꿔서 해볼 수 있다.

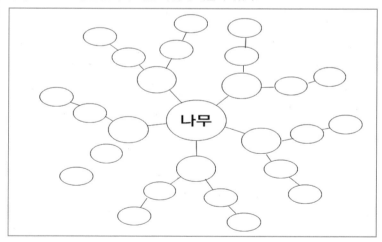

(* 일반 기관 어르신들은 조별로 할 수도 있다.)

(* 요양원이나 데이 케어 어르신들은 이 단어들에 대해 강사가 충분히 사전학습으로 다룬 다음에
시도한다. 더 낮은 난이도를 생각한다면, 답을 다 넣어가서 어르신들은 보면서 써넣을 수 있도록
한다.)

52 (회상학습) 실뜨기 놀이

강의주제 실뜨기 놀이를 한다.

학습목표 회상학습 및 소근육 운동을 통한 뇌 인지 훈련을 한다.

도입 노란 고무줄 손가락 운동을 한다.

노란 고무줄을 두 개씩 준다. 엄지손가락에 걸고 차례대로 엄지에서 소지까지 넘기고, 돌아오길 반복한다(이때 다른 손으로 만지지 말고, 한 손으로 해야 한다). 연습이 되면 스피드를 내서 시합한다.

준비물 실, 학습지, 음악.

전개 1. 어린 시절에 무슨 놀이를 했는지 물어본다.

2. 옛날에 불렀던 동요를 기억하는지 이야기한다(노래 불러보기 / 민요를 생각하며 곡조 없이 부르면 어르신들이 더 잘 기억한다. 연습한 후 잘하는 분은 발표를 하기도 한다).

3. 방 안에서 하던 놀이를 기억하는지 이야기를 나눈다(여러 가지 놀이에 관해 이야기한 후 실뜨기 놀이를 한다. 실뜨기를 기억하는 강사는 문제가 없다. 혹 모르는 강사라면 네이버에 검색하면 동영상도 있고, 책도 있으므로 미리 준비한다).

4. 학습지를 한다.

5. 〈태평가〉를 부른다.

6. 박장대소를 하고 인사로 마친다.

PPT 1-8

옛날에는~~~ 동요

모래집 지으면서 부르는 소리

두껍아 두껍아
헌 집 줄게 새 집 다오

머리 깎은 아이 놀리는 소리

중아 중아 까까중아
얼마 주고 깎았나
십 원 주고 깎았다

모래집 지으면서 부르는 소리

까마귀는 물 붓고
까치는 집 짓고

이 빠진 아이 놀리는 소리

앞니 빠진 갈가지
뒷골목에 가다가
호박줄에 걸려서
앞니가 빠졌다네

새야 새야 파랑새야

새야 새야 파랑새야
녹두 밭에 앉지 마라
녹두 꽃이 떨어지면
청포장수 울고 간다

잠자리 잡으면서 하는 소리

소금쟁이 꽁꽁
앉을 자리 좋다

새는 새는 낭캐자고

새는 새는 낭캐자고
쥐는 쥐는 밖에 자고
아기 아기 방에 자고
새는 새는 어째 우나 짹짹짹 울고 있고
쥐는 쥐는 어째 우나 찍찍찍 울고 있고
아기 아기 어째 우나 앙앙앙 울고 있고

다리 세기

이거리 저거리 각거리
천두 만두 두만두
짝발라 세양강
모기 밭에 쪽두리

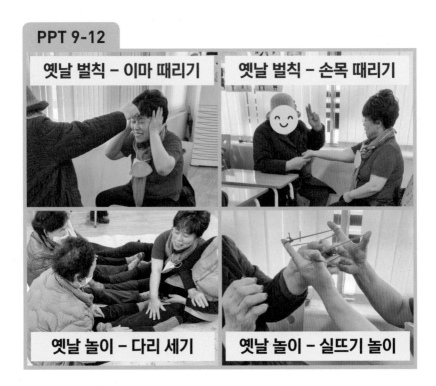

PPT 9-12

옛날 벌칙 - 이마 때리기

옛날 벌칙 - 손목 때리기

옛날 놀이 - 다리 세기

옛날 놀이 - 실뜨기 놀이

학습지

이름 | 영 역 및 활 동 년

괄호 안에 들어갈 말을 써 넣으세요.

새야 새야 파랑새야

새야 새야 파랑새야
( ) 앉지 마라
( ) 떨어지면
( ) 울고 간다

잠자리 잡을 때 했던
말을 써 보세요.

새는 새는 낭개자고

새는 새는 ( )자고
쥐는 쥐는 ( )자고
아기 아기 ( )자고
새는 새는 어째 우나
( ) 울고 있고
쥐는 쥐는 어째 우나
( ) 울고 있고
아기 아기 어째 우나
( ) 울고 있고

에필로그

　그동안 해왔던 수업일지라도 책에 싣기 위해서는 많은 작업이 필요
했다. 서두에도 언급한 것처럼 필자가 수업하면서 느낀 것을 토대로 만
들었다. 어르신들을 위한 교재는 많지만, 그 어르신들을 지도할 시니어
강사들의 교재는 없었다.

　필자가 강사들을 교육할 때 늘 하는 말이 있다. 강사는 앞에 나가서
사설이 길어서는 안 된다. 그리고 시작과 끝이 달라야 한다. 철저히 계
획된 프로그램, 계획된 멘트로 수업이 진행되어야 한다. 앞서 수업 전
개를 보면, 박장대소가 마치는 시간에는 다 들어 있다. 필자가 해본 경
험에 의하면, 어르신 수업에는 웃음 지도가 필수라는 생각을 하기 때문
이다. 특히 마치는 시간에는 크게 웃고 마침으로, 즐거움의 여운이 오
래 남는다고 생각한다. 사실 필자는 시작 시간에도 일단 박장대소를 하
고 시작한다.

　이 책에는 가능하면 수업마다 다른 노래를 제시했으나 노래나 음악,
즉 도입 부분이나 마무리는 강사 재량으로 하면 된다. 다만 시작은 스
토리 텔링이나 대화가 들어간다. 그러나 마치는 시간만큼은 말을 많이
하지 말아야 한다. 재미있는 수업을 잘해 놓고, 끝나는 시간에 다시 날
씨가 어떻고 등등 뭔가 말을 시작하는 강사들을 종종 보아왔다. 시작인
지, 끝인지 구분이 안 됐다.

마치는 시간에는 특별한 주제와 연관된 것이 아니라면 흥겨운 노래를 택한다. 그리고 박장대소로 마치며, "더 많이 행복하시고 다음 시간에 뵙겠습니다"라고 인사하고, 바로 현장에서 나온다. 깔끔한 마무리가 요구된다. 그리고 어르신들이 좋아하시고 분위기가 좋다고 해서, 시간을 연장하거나 하는 일은 오히려 안 좋은 평을 듣게 된다. 정해진 시간을 잘 지키는 강사가 잘하는 강사라는 말은 우리 모두 알고 있는 사실일 것이다.

이 책을 인지 학습 안내서의 기본으로 삼고, 이것을 보면서 더 많은 응용학습을 도출해낼 수 있을 것으로 생각한다. 모쪼록 사회복지사, 어르신 케어 일을 맡고 있는 선생님들, 부모님들의 치매를 염려하는 자녀분들에게 치매 예방에는 최고의 교재라고 할 수 있다. 이 모든 분에게 선한 영향력을 미치는 책이 되기를 희망한다.

"100세 시대, 우리 모두 건강하고 행복한 노후를 위해 아자!"

시니어를 위한
뇌 인지 학습 지도서

제1판 1쇄 2023년 5월 25일

지은이 박소현
펴낸이 한성주
펴낸곳 ㈜두드림미디어
책임편집 배성분
디자인 노경녀(nkn3383@naver.com)

㈜두드림미디어
등 록 2015년 3월 25일(제2022-000009호)
주 소 서울시 강서구 공항대로 219, 620호, 621호
전 화 02)333-3577
팩 스 02)6455-3477
이메일 dodreamedia@naver.com(원고 투고 및 출판 관련 문의)
카 페 https://cafe.naver.com/dodreamedia

ISBN 979-11-966048-2-0 (03370)

**책 내용에 관한 궁금증은 표지 앞날개에 있는 저자의 이메일이나
저자의 각종 SNS 연락처로 문의해주시길 바랍니다.**